装备类军事职业教育教材编写(制)规范

主 编 孙 福 杨玉忠
副主编 贾 帅 刘国庆 周 鹏
编 委 李志勇 黄欣鑫 王忠春
　　　　王伟奇 王昌盛 万 龙
　　　　周彦江 张大伟

北京理工大学出版社
BEIJING INSTITUTE OF TECHNOLOGY PRESS

内 容 简 介

本规范包括装备类军事职业教育教材编写规范和装备类军事职业教育电教教材编制规范。编写规范主要包括总则、内容要求、文稿编写与图稿编绘、编审出版程序、挂图编绘与印刷等内容。编制规范主要包括电教教材基本要求、电视教材技术规范、多媒体教材技术规范、网络课程技术规范等内容。

版权专有　侵权必究

图书在版编目（CIP）数据

装备类军事职业教育教材编写（制）规范 / 孙福，杨玉忠主编. —北京：北京理工大学出版社，2021.2
ISBN 978-7-5682-9570-3

Ⅰ. ①装⋯　Ⅱ. ①孙⋯ ②杨⋯　Ⅲ. ①军事教育-职业教育-教材-编写　Ⅳ. ①E13

中国版本图书馆 CIP 数据核字（2021）第 031836 号

出版发行 / 北京理工大学出版社有限责任公司
社　　址 / 北京市海淀区中关村南大街 5 号
邮　　编 / 100081
电　　话 /（010）68914775（总编室）
　　　　　（010）82562903（教材售后服务热线）
　　　　　（010）68948351（其他图书服务热线）
网　　址 / http：//www.bitpress.com.cn
经　　销 / 全国各地新华书店
印　　刷 / 保定市中画美凯印刷有限公司
开　　本 / 710 毫米 × 1000 毫米　1/16
印　　张 / 8.5　　　　　　　　　　　　　责任编辑 / 梁铜华
字　　数 / 123 千字　　　　　　　　　　 文案编辑 / 杜　枝
版　　次 / 2021 年 2 月第 1 版　2021 年 2 月第 1 次印刷　责任校对 / 刘亚男
定　　价 / 38.00 元　　　　　　　　　　 责任印制 / 李志强

图书出现印装质量问题，请拨打售后服务热线，本社负责调换

前　言

为指导和规范装备类军事职业教育教材建设，针对装备类军事职业教育教材多层次、多类型、多载体的特点，编者坚持基础教材与专业教材、基本教材与辅助教材、通用教材与专用教材、纸质教材与电教教材相结合，把握装备类军事职业教育教材编写（制）的系统关联性、内容先进性、结构严密性和表述易懂性，在 TBB 418—2009《军械装备图书编写出版规范》《中国人民解放军电教教材工作暂行规定》《电教教材技术规范》《总装部队军事训练统编电教教材编制规范》和近年来装备训练工作经验的基础上，编写了《装备类军事职业教育教材编写（制）规范》，从基本格式、构成要素、表述方式、技术规范等方面规范编写（制）工作。

限于编者水平，书中难免有不足之处，敬请读者批评指正，不胜感谢。

编　者
2020 年 3 月

目 录

第一篇 装备类军事职业教育教材编写规范

第1章 总则 ········ 003
1. 范围 ········ 003
2. 引用文件 ········ 003
3. 基本原则 ········ 004

第2章 内容要求 ········ 006
1. 综合类教材 ········ 006
2. 指挥管理类教材 ········ 007
3. 训练法类教材 ········ 008
4. 工程技术类教材 ········ 009
5. 工具书和参考书 ········ 011

第3章 文稿编写与图稿编绘 ········ 012
1. 文稿构成 ········ 012
2. 文稿编写规则 ········ 014
3. 图稿编绘 ········ 020
4. 编排格式 ········ 023

第4章 编审出版程序 ········ 030
1. 编写准备 ········ 030
2. 书稿编写 ········ 031
3. 书稿审定 ········ 033
4. 报批工作 ········ 035
5. 出版印刷 ········ 037

6　总结归档 ··· 040
第5章　挂图编绘与印刷 ··· 043
　　1　对挂图的要求 ··· 043
　　2　挂图的编绘 ·· 044
　　3　挂图的审定与印刷 ·· 047

第二篇　装备类军事职业教育电教教材编制规范

　　1　范围 ··· 053
　　2　引用文件 ··· 053
　　3　基本要求 ··· 053
　　4　电视教材 ··· 054
　　5　多媒体教材 ·· 059
　　6　网络课程 ··· 066

第三篇　装备类军事职业教育教材编写规范附录

附录A（规范性附录）　文后参考文献著录格式 ·························· 077
附录B（规范性附录）　封面格式 ··· 080
附录C（资料性附录）　标点符号的用法和计量单位的使用 ············ 083
附录D（资料性附录）　外文字母、数字的使用和书写 ·················· 091
附录E（资料性附录）　装备类军事职业教育教材编审、
　　　　　　　　　　　 报批文件格式 ······································· 096
附录F（资料性附录）　校对符号及其用法 ································· 116
附录G（资料性附录）　装备挂图边框尺寸及图字 ························ 120
附录H（资料性附录）　图像复制用校对符号 ······························ 124
附录I（资料性附录）　装备构造（原理）与维修教材结构示例 ········ 127

第一篇 装备类军事职业教育教材编写规范

第 1 章　总　　则

1　范围

本规范规定了编写装备类军事职业教育教材的基本原则、内容要求、文稿编写、图稿编绘、编排格式和编审出版程序，还规定了装备挂图的编绘、审定与印刷程序。

本规范适用于装备类军事职业教育各类教材的编写（制），以及与之配套挂图的编制印刷。

2　引用文件

下列文件中的有关条款通过引用而成为本规范的条款。凡注日期或版次的引用文件，其后的任何修改单（不包括勘误的内容）或修订版本都不适用于本规范，但提倡使用本规范的各方探讨使用其最新版本的可能性。凡不注日期或版次的引用文件，其最新版本适用于本规范。

TBB 418—2009　军械装备图书编写出版规范

GB/T788—1999　图书和杂志开本及其幅面尺寸

GB 3100—1993　国际单位制及其应用

GB 3101—1993　有关量、单位和符号的一般原则

GB/T 7714　文后参考文献著录规则（此版为 2005 版）

GB/T 7714—2015　信息与文献参考文献著录规则

GB 11668—1989　图书和其他出版物的书脊规则

GB/ T14707—1993　图像复制用校对符号

GB/T15834—2011　标点符号用法

GJB 0.1—2001 军用标准文件编制工作导则 第1部分：军用标准和指导性技术文件编写规定

GJB 0.2—2001 军用标准文件编制工作导则 第2部分：军用规范编写规定

GJB 0.3—2001 军用标准文件编制工作导则 第3部分：出版印刷规定

《总装部队军事训练教材编写规范》 中国人民解放军总装备部司令部 国防工业出版社 2012.07

3 基本原则

3.1 思想性

贯彻党和国家的路线、方针、政策，体现中央军委关于军队建设的指示精神；运用辩证唯物主义和历史唯物主义的立场、观点、方法分析和阐述问题，树立科学的世界观和方法论；弘扬热爱祖国、献身国防、爱岗敬业、艰苦奋斗的精神，有利于提高受训对象的综合素质和创新能力；有利于培养爱护武器装备的意识和献身国防的革命精神；内容上应杜绝政治性错误，并严格遵守保密规定。

3.2 科学性

编写教材应当符合相关标准规范要求。内容系统完整，技术要求合理，现象的叙述、概念的说明、原理的论述、公式的推导都应正确严谨，数据的引用、结论的导出应有充分可靠的依据，论点、论据、结论的阐述应符合科学逻辑。

3.3 实用性

突出军事特色，反映装备工作的特点，满足不同受训对象的需要；紧密结合装备工作实际，理论与实践相结合，适应工作需要，解决实际问题，为装备工作提供科学、实用的理论知识。

3.4 针对性

准确把握受训对象所需要的知识和能力,适应其文化水平和专业技术基础;教材内容和字数应与训练时数相适应,应满足部队官兵岗位能力提升需求,便于组织训练。

3.5 先进性

应能反映战争形态转变、军事训练改革、武器装备发展、装备保障转型的新知识、新理论、新技术、新成果;具有与装备发展相适应的训练科学水平,以适应我军装备创新发展的需要。

3.6 规范性

语句结构规范,叙述准确,符合语法修辞要求;文字表述简洁流畅、通俗易懂;术语、符号、代号、数据、插图等符合国家和军队相关标准。

第 2 章　内容要求

1　综合类教材

1.1　装备发展概论教材

该类教材应由装备的地位作用、分类及主要特征，主要装备的战术技术性能及特点，高新技术在装备中的应用，未来装备发展趋势及发展重点等主要内容构成。

1.2　装备概论教材

该类教材应由装备的地位作用、主要任务及要求、职责分工、理论法规、管理维修、储备供应、保障力量及人才培训和战备建设等主要内容构成。

1.3　战时装备运用与保障教材

该类教材应由装备战时运用与保障的任务、基本原则、保障体系与力量组织、保障力量筹集、编成、指挥、勤务及各种作战样式装备保障的组织实施等主要内容构成。按战时保障级别可分为战役装备保障和战术装备保障。

1.4　非战争军事行动装备运用与保障教材

该类教材应由装备非战争军事行动的样式、主要特点与基本要求，以及反恐维稳、边境封控、抗震救灾、安保警戒、国际维和及海上护航等不同军事行动的装备运用与保障组织实施等主要内容构成。

1.5 军民一体化装备运用与保障教材

该类教材应由装备的军民一体化运用与保障的内涵、基本特征、理论基础、指导思想、基本原则、组织机构建设、保障力量建设、基础建设、法规制度建设、信息化建设、资源配套建设及平时和战时运用与保障的组织指挥等主要内容构成。

1.6 复杂电磁环境下装备运用与保障教材

该类教材应由装备的复杂电磁环境的特点及对装备保障的影响、复杂电磁环境下装备保障基本方式和手段、复杂电磁环境下装备运用与保障指挥、装备物资供应、装备维修保障及装备保障训练等主要内容构成。

1.7 装备保障信息化建设教材

该类教材应由装备信息化建设的地位作用、任务要素、指导原则及组织实施、信息化装备人才建设、信息资源建设、信息化系统建设及信息化手段建设等主要内容构成。

2 指挥管理类教材

2.1 装备指挥教材

该类教材应由装备指挥的基本任务、基本原则、指挥体系，以及保障计划和方案的制定、装备保障力量部署、装备保障组织与协同、防卫和通信、信息收集等主要内容构成。按指挥的级别可分为战役装备指挥和战术装备指挥。

2.2 装备管理教材

该类教材应由装备管理的基本任务、规章制度、职责分工，以及装备调配、维修、储存、供应、训练、战备、安全及信息管理的组织实施等主要内容构成。

2.3 装备供应保障教材

该类教材应由装备的供应保障的任务与要求、计划、筹措、储存、调拨、供应、管理等主要内容构成。按供应的类别可分为装备维修器材供应保障和弹药供应保障。

2.4 装备维修管理教材

该类教材应由装备维修管理的基本任务和原则、指导思想、维修体制与作业体系、职责与分工、模式与方法、计划与管理、组织与实施、器材管理、质量管理、经费管理及修理部（分）队的业务管理等主要内容构成。

2.5 装备日常管理教材

该类教材应由部队装备日常管理的任务要求、装备动用使用、封存启封、保管保养、技术检查、登记统计、车炮场日、爱装管装教育、安全管理及特殊条件下的管理等主要内容构成。

2.6 装备战场管理教材

该类教材应由装备战场管理的主要任务、基本原则，装备战场的使用管理、信息管理、伪装、防护与技术勤务、战损装备的管理与补充及缴获装备的管理等主要内容构成。

2.7 装备安全管理教材

该类教材应由装备安全管理的任务与要求、安全理论与技术、规章制度、安全措施、防护技术手段、事故及其处理等主要内容构成。

3 训练法类教材

3.1 装备运用与保障训练教材

该类教材应由装备运用与保障训练的地位作用、指导思想、基本任务、特点规律、训练体制、训练模式、训练内容、训练方法、训练管理及训练保障等主要内容构成。

3.2 装备运用保障训练指导法教材

该类教材应由装备运用与保障训练的基本要求、原则和方法、计划制订、训练准备、单兵训练、班组训练、分队训练、综合演练的组织与实施、训练考核及其保障等主要内容构成。

3.3 装备机关训练教材

该类教材应由各级装备部门的工作任务、职责要求、规章制度、工作程序、工作方法，以及战备工作、日常管理、装备维修、物资储存与管理、应急保障及保障指挥等业务训练的组织实施等主要内容构成。

3.4 装备保障部（分）队训练教材

该类教材应由装备保障部（分）队训练的基本任务、组训模式、组织方法、训练考核与训练保障，以及单课目训练、多课目训练及综合演练的组织实施等主要内容构成。

4 工程技术类教材

4.1 装备构造（原理）与维修教材

该类教材应由装备的构造与原理、操作使用、维护保养、技术检查（检测）与调试、修理（故障排除）及战场抢救抢修等主要内容构成（见附录J）。应突出装备维护保养、技术检查（检测）与调试、修理（故障排除）等实践性内容。

4.2 装备性能检测与故障诊断教材

该类教材应由复杂装备性能检测的技术要求、检测项目、检测技术方法、检测设备的使用，故障诊断的技术要求、故障诊断方法、故障诊断手段、故障诊断设备、故障定位和故障识别等主要内容构成。

4.3 保障装备使用与维修教材

该类教材应由装备的保障，装备的主要性能、结构原理、操作使用、维护保养、技术检查及故障排除等主要内容构成。

4.4 装备储运教材

该类教材应由装备的储存保管、环境监控、收发运输、质量监控、维护保养、安全管理、信息化管理、储运实施的方法步骤及战时仓库勤务等主要内容构成。

4.5 弹药化试验教材

该类教材应由弹药化试验的目的要求、基本原理、技术方法、仪器设备使用、数据处理、结果评定及其注意事项等主要内容构成。

4.6 报废装备销毁教材

该类教材应由报废装备销毁的基本要求、基本理论、技术方法、场地设备、安全防护及组织实施等主要内容构成。

4.7 战场抢救抢修类教材

该类教材应由装备战场抢救抢修的意义、基本原则、组织实施、战损评估技术、抢救抢修方法、保障资源及案例等主要内容构成。

4.8 装备维修案例教材

该类教材由装备维修典型事例构成，应包括案例背景、故障现象、故障诊断与分析过程、故障排除方法及其经验启示等主要内容，应具有示范性。每个案例应包括命题、提示、背景材料、解决方法、评论、结尾、注释等主要环节。

4.9 专工训练教材

包含车工、钳工、铣工、磨工、刨工、焊工、钣金工、电工等工种的基础训练的教材，具体内容主要有基本知识，专工设备、工具、仪器的性能、结构和操作使用方法，加工制作的工艺，特殊工件的加工方法等。

5 工具书和参考书

工具书主要包括技术标准、管理标准、规章制度及有关的技术手册、兵器图册等。该类教材根据其性质和内容的不同，可以分为常用标准、规章制度、技术手册、兵器图册和综合类工具书等。

参考书主要包括军内外有关院校的专业教材，我军和外军的有关教材、期刊、资料等。

第 3 章　文稿编写与图稿编绘

1　文稿构成

1.1　封面

文稿封面应标明教材名称、编写单位或著作责任者、出版者。

1.2　主书名页（扉页）

主书名页正面提供教材的书名、编写单位或著作责任者、出版者。主书名页背面，正式出版的教材为教材的版权说明、在版编目数据和版本记录。对非正式出版教材，主书名页背面为内容简介。

1.3　内容简介

主要介绍教材的内容梗概、适用范围、特点及主要读者对象。文字要简明，一般不超过 300 字。对于系列丛书应写明整体概况及本书与丛书的联系。对于修订版书需写明本书与以前版本的异同。

1.4　出版说明

由军委机关组织编写、出版的教材，由军委机关相应部（局）署名撰写；由军兵种组织编写、出版的教材，由军兵种部署名撰写。说明出版该书的意义、作用和要求等。

1.5　前言

前言应着重说明本教材编写的依据和指导思想、中心内容、编写方法、适用对象及需要具备的知识,以及合编教材的主编、分工及主审等。字数不宜超过 2 000 字。

1.6 目录

目录是全书各层次标题的汇总,内容包括正文和正文后的辅文(附录、参考文献等)的标题和页码。目录中所载的标题、页码必须与正文中的标题、页码一致。目录的详细程度视教材性质和内容复杂程度而定,正文标题一般不超过三级,并均衡列出。目录位于出版说明和前言之后。

1.7 正文

正文是文稿的核心部分。正文的标题层次应根据内容的需要和多少适当安排,前后必须一致。正文部分内容的构成和要求由教材类别和编写人员的意图决定。

1.8 主要符号表

有必要时,全书的主要符号可统一编制成表格形式排在书稿正文末,附表、参考文献前。符号按英文、希腊文或其他文种的字母顺序排列。

1.9 附录

如果在教材正文中存在供读者查阅的文字或图表资料,以及不便于在正文中展开叙述的相对独立的内容,可作为附录说明。

1)附录位于文稿正文的后面,参考文献之前。附录首页应另起一面书写。附录上方还要居中书写"附录"两字。以后各个附录通常另起一面书写,如果有多个较短的附录也可接排书写。

每个附录都应有一个编号。编号由"附录"和大写英文字母组成,从 A 起开始顺序编号,如附录 A、附录 B 等。编号后书写标题,标题与编号之间空一个字间隙。

2)附录的内容可根据需要采用一、(一)、1. 等标题来区分层次。图、表以"图 A−1""图 A−2"……及"表 A−1""表 A−2"等形式表示。

1.10 参考文献

如果在编写过程中曾取材或参考过某些重要文献资料，可在书末列出，以方便使用者查阅。

1）参考文献一般只选用公开发行的书刊，对带有密级的教材允许列入低于本书密级的资料。本规范采用顺序编码制著录参考文献，按其在文中出现的先后，用阿拉伯数字顺序编号。

2）若参考文献与正文呼应时，其序号用带方括号的阿拉伯数字写在有关正文的右上角；若参考文献作为正文的直接说明语，则其编号应与正文并排，例如：见参考文献［6］。

3）参考文献应在书末（或章末）集中列出，当内容较多时，要另面书写。页面上方居中写"参考文献"字样，下面按附录 A 规定的项目和格式逐条书写。

1.11 思考题和习题

根据教学和训练的需要，应在各章或全书之后选编适量思考题和习题。题量适当，应有针对性、实用性和启发性，可在书后附习题答案。

2 文稿编写规则

2.1 书写要求

1）文稿应采用计算机录入方式，为在排版时能顺利调出光盘中的内容，作者应采用常用的文字处理系统录入，形成文件。全部文稿应采用同一种文字处理系统，光盘内不允许存有与本书稿无关的其他文件。

2）教材内容较多时，全书可分成若干文件录入。并在光盘的目录上列出书名及篇、章的文件名。

3）在向出版单位提交光盘时，同时应提供一份与光盘内容完全一致的打印稿。交稿前作者应仔细阅读打印稿，改正其中的错误，并自留备份。

4）如果有系统不能表示或打印机不能打印出的内容（如插图、表格、外文文种、上下角标等），应在打印稿的相应处标注清楚。

5）如果作者限于条件不能将插图、表格、公式等录入的，可在文稿中标明，由出版单位在制作时处理。

6）全书应按顺序统一编排页码，包括前言、目录、正文、附录、参考文献等。

7）文稿中的标点符号应按规定书写清楚。文稿中的计量单位、外文字母和数字的使用、书写应符合规定（参见附录C、附录D）。

2.2 标题层次

1）教材正文的内容通常由多个层次构成。为了区分各个层次，需要采用各级标题来标明。

2）教材正文采用的标题层次有等级式、章节式、混合式三种格式（见表1-1）。每种格式由不同层次、不同型式的标题构成。当教材内容较少时，可适当减少其中的层次，跳级使用。

表1-1 标题层次格式

型号	等级式	章节式	混合式
格式	第1部分×××× 1□×××× 1.1□×××× 1.1.1□×××× □□1）×××× □□（1）××××	第一篇（居中） 第一章（居中） 第一节（居中） □□一、×××× □□（一）×××× □□1.×××× □□（1）××××	第一篇（居中） 第一章（居中） 1.1□××（居中） 1.1.1□×××× □□1）×××× □□（1）××××

2.3 公式

1）公式一般以章为单位按顺序编号，用带圆括号的阿拉伯数字书写，如（1-1）。公式顺序号写在公式结束行的行末，公式和顺序号之间不加连点。文中引用公式时,一般应采用"见式(1-1)"或"见公式(1-1)",不用"见公式1-1"。

2)公式一般应使用文档处理软件的公式编辑器编制,公式应左右居中书写,公式末不加标点。当公式长度超过版面的四分之三,需要回行书写时,尽可能从等号或运算符号处回行,回行时等号或运算符号留在上行末尾。回一行的要居中,回多行时要上、下等号对齐,无等号时可对应等号空一格书写。

3)公式前使用的"即""或""由""则""得""设""故"等字,后面均不加标点,一般应另行顶格书写。公式中符号说明,如"式中""其中"等词另行顶格书写,空两格写字母符号,符号后用破折号上下对齐引出释文及其单位符号。移行时,与其开始书写释文的位置对齐。

示例:

即
$$U = IR \tag{1-1}$$

式中　U——电压,V;

　　　I——电流,A;

　　　R——电阻,Ω。

公式中所要解释的符号应按先左后右,先上后下的顺序排列。通常排成单列,当需要说明的符号较多时,也可排成两列。

4)在乘式中,字母与字母之间、字母与前面的数字之间、括号与括号之间、数字或字母与后面的括号之间的乘号可以省略。但数字与数字之间、字母与后面的数字之间、括号与后面的字母或数字之间以及分数之间的乘号不能省略,且不能用圆点"·"代替。

夹杂在文中的分式,应尽量采用斜式。用斜式时,要避免产生歧义。如 $\frac{a+b}{2}$ 的 $a+b$ 应加上括号,为 $(a+b)/2$。

5)文中重要公式应另行起排,并用阿拉伯数字连续编序号,序号加圆括号排在行末右顶格处。公式间空半行行距为宜。

6)公式中经常遇到由物理量符号、数学符号和数字组成的单元,各单元之间应空三分之一字的间隙或四分之一字的间隙;这一单元部分不能与另一单元部分交叉排。

7）排行列式和矩阵时，其元素行列要上下对齐，各行之间的间距要均匀一致，通常要间隔半行行距；行列式符号、矩阵符号和两旁公式之间要有半个字的间隙。

8）分式中的括号、开方号按公式层次，一层用一倍长，二层用二倍长，三层用三倍长，依次类推。示例：

一层：$(3n^2+2n)$　　　$\sqrt{1-a^2x^2}$

二层：$\left(\dfrac{1}{2}+\dfrac{a}{b}\right)$　　　$\sqrt{\dfrac{b}{\mathrm{d}x^2}+\dfrac{a}{\mathrm{d}y^2}}$

三层：$\left(\dfrac{m+1}{\dfrac{x}{234}}\cdot\dfrac{1}{\mathrm{d}x}\right)$　　　$\sqrt{\dfrac{\sin^{2\alpha\cos\beta}}{\dfrac{a+b}{a_1a_2+a}}}$

9）根号前的次幂应排在根号上，开方线和下面的公式贴紧，后面与字并齐，有分式的与分数线对齐。示例：

$\sqrt[3]{n+1}$　　　$\dfrac{a+2b}{\sqrt{a+b}}$　　　$\sqrt{\dfrac{bx}{bx+15}}$

10）积分号、连加号、连乘号等，应在规定位置上书写上下限。积分之上下限应与积分号两头齐平，上下限若为分式应适当向外伸出。

示例：

$$\int_o^t \qquad \int_t^{\frac{t+1}{2}} \qquad \sum_{i=1}^m \qquad \prod_{i=1}^n$$

2.4　化学方程式格式

1）化学元素符号用五号正体字，元素字母之间应齐平，而字母与其后的阿拉伯数字之间有踏步。化合物各元素之间或键号与元素之间均应密排，不留间隙。排结构式时，横、斜、纵向键号一定要对准键元素，不得偏斜。

2）化学方程式中的箭头和加号应排在同一水平线上。成组的化学方程式，尽管它们长短不一致，但上下行都应在箭头或等号处对齐。

化学方程式太长版面排不下时，允许缩小字号以避免转行，也可以在箭头、加号及等号等处转行。

3)反应号上下的文字说明,用小五号宋体字。反应号应比文字说明长一些。如反应号上文字说明较长时,可上下转行排。但反应号上下均有文字说明时,一般情况下不能转行。

为避免结构式转行,允许将化学方程式横排。

2.5 表格

1)表格由表号、表题、表头栏、说明和数字等要素构成,必要时增加备注。表格设计应简洁、准确,易于绘制和排版。一张表格通常表示一个主题,不宜多主题或把无关数据排列在一起,以免烦琐和庞杂。

表格一般以章为单位顺序编号,如表1-1、表1-2。对于表格较多的教材也可按章、节顺序编号,如表1-1-1。表号、表题写在表的上方居中位置,表号、表题间空一个字间隙,表题末不加标点符号。

2)表格边框应画成封闭式,上、下和左、右都要画边框线。表格因本页版面所限排不完而转入下页续排时,表格下部一般应将一个横栏排完,用横线闭合。续排的表格,应在续表的上方中间写明表号和(续),如表2-1(续),续表上边线仍为粗线,表题可省略,表号下面用上边线闭合。续表中表头栏目应重复列出,不可省略。

3)大型表格应尽量简化成小型表格,或采用续表的方式,以方便排版,减少插页或转面。对难于排版的表格,宜按插图处理,编者应提供合格的图稿。

4)所有表格均应紧靠在文中第一次提到该表格的正文后面。正文中引用该表时,一般应采用"见表1-5"或"参见表1-5"。

5)表中的数字、栏目一般横写;表内文字说明起行空一字位,回行顶格,句末不加标点;文字较少时,应居中书写,但同列中必须统一;书写尽量紧凑。

表格中的数值,上下行的小数点和数字应对正,且小数点后的位数应统一;如数字前带有"+""-"符号,或数字间带有"-""/"标志者,则一般以这些符号为准对齐。

表格中的某些栏没有内容填写时,以空格表示;"0"代表实测结果为零。

6）当表格中各栏参数的计量单位均相同时，应在表的右上角用一句适当的陈述（例如：单位为毫米）代替各栏中的单位。如计量单位不同，应将单位分别写在各栏参数名称的下方；若相邻参数采用相同单位时，可单独标注或合并写在它们共同的单位栏内。

当表格中相邻参数的数值或文字相同时，不得使用"同上"或"同左"字样，而用通栏或重复书写表示。

7）表格中某些内容需要注释时，用阳文圈码①、②、……作为表注符号标于所注字、词、句、符的右上角，注文（前带表注符号）写在表的底部专栏内。注文分项排列，每项之间用"；"或"。"分开。

对表作整体注释时，注文写在底部专栏内，注文前面加"注："或"说明："，末尾加标点。

8）表号、表题 A4 开本用五号黑体字（A5 开本用小五号黑体）居中排；表号之"表"字和序号之间应空四分之一字间隙，然后空一个字间隙接排表题；表文和表注用小五号宋体字。

表格两端要排竖边框线，表格四周的边框线及栏头线用粗线，表栏内其余的线用细线。

9）表格应紧靠说明的文字，不可超前，尽量在同一页上，如确因版面排不下时，也可排至下页，但不能跨节排。

表格一般应居中排，只有当表的横向尺寸小于版心尺寸的三分之二时，表旁才串文排。

10）当一个表格的横栏栏目较多，必须拆开时，可将表格分为上下两段，用细双线叠排在一页内。同样，当表中竖栏栏目较多时，可用类似的方法，将表格分为左右两部分，用细双线隔开。

2.6 注释

1）当正文中的某些内容、名词需要加以详释而又不宜作为止文叙述时，采用页末呼应注（脚注）。

2）脚注是在正文中需要加注的字、词、句、符右上角，标上阳文圈码①、②、……，不用另加"注"字。注文（前带注符）书写在本页底部。在注文上面，靠稿纸左边框线用一横线（即脚注线，长约为稿纸宽的三分之一）同正文隔开。注文不得转入下页，注释号的顺序以稿纸的一页为准计算，隔页时必须从头开始编号，不得续接上页。

2.7 插图

1）凡需在文稿中安排插图的地方，不论该插图的实际大小，一般在稿纸上画一个左右占10格、上下占3格、位置居中的方框。在方框的中央用铅笔写出全书插图的总序号（阿拉伯数字）并用括号括起，总序号后面标出插图宽和高的实际占位尺寸（单位为毫米，如90×40）。在方框下方中央书写图号和图题，图号和图题间空一个字间隙。若有说明图中代号或符号的图注，则应横排在图题的下方。图注序号用阿拉伯数字，不加括号。序号与说明文字之间用半字线，文字后不加标点。各图注间空一个字间隙。

2）每幅插图必须有图号，一般也应有图题，全书应统一。图号通常以章为单位顺序编号，如第1章第5图，应写为图1-5。

当图内由几个分图组成时，每个分图均应编序号，序号采用（a）、(b)、……，不用A、B、……或甲、乙、……等其他形式。

3）文稿中插图的位置应紧靠首次提到该图的正文的段尾，不得超越正文提前出现，也不能滞后正文太多，且图位不跨节。

4）当用计算机绘图时，可在文字录入时插入插图，文图合一；也可以文图分开，插图单独绘制和打印，按图号顺序放置。

3 图稿编绘

3.1 对插图的要求

插图是图稿编绘的一个重要内容，为了保证插图质量，必须达到以下要求：

①插图必须精选，与文稿内容密切联系。对于可有可无的插图，或图中可有可无的部分，应舍弃。

②应根据内容需要和表达的效果，合理选择插图的类型。

③插图应符合机械制图和电气制图等现行国家标准的规定。

④表格内插图应尽量放在表外，以免造成排版困难。表内若必须安排插图，大小应适合排版要求。

⑤插图中的文字、数值、符号及图注，必须与文稿相对应。

3.2 对底图的要求

3.2.1 编绘要求

（1）底图必须内容正确，关系位置准确，图线类型清晰可辨，缩比适当，指引线和注字合乎要求。自然方向不明显的底图，应在边缘用铅笔注明"上""下"等标记。

（2）底图图稿应全部编号，除图号外，另按全部底图的先后顺序编总序号（阿拉伯数字并用括号括起）。图号和总序号用铅笔写在底图下方，将底图按章和图号排列，装在纸袋中。大幅面底图不要折叠，应用护纸单卷成筒。

（3）生产用蓝图，图幅一般过大，应经过审核、改造、简化，并重新绘制，方可作为底图。若采用其他书刊的图作为底图，一般要适当复印放大，经图像处理后，再适当缩小，以保证插图质量。在没有成图可供选择时，应参照有关资料、实物或生产图纸进行编绘。

（4）底图采用照片图时，应以直接对实物拍摄的反转片或数码照片为宜。画面应清晰，层次反差分明，无背景，无折痕、指印、污迹、孔洞等缺陷。

3.2.2 大小和缩比

（1）插图的实际尺寸应根据图的复杂程度和教材版心尺寸而定。复杂的图应该大些，但一般以不超过版心或幅面尺寸为宜。过大的插图，可以采用插页，但应严格控制插页的数量。

（2）为保证图稿的制版效果，底图通常应大于插图的实际尺寸，在计算机绘图时再缩成所需尺寸。图缩小后，应保证插图线条清晰，字迹清楚，版心利用合理。因此，图稿的线型、字号及符号等必须根据缩比而定。

（3）缩比是指图稿在制版时的缩去量。譬如缩比 3/10，是指该图稿在制版时其长宽方向各缩去 3/10，制版后图长宽方向的尺寸为原图稿的 7/10。若缩比大，图稿中的字号、符号相应要大一些，线型相应要粗一些。

3.2.3 指引线和注字

（1）底图上的指引线用于标注图字。指引线为细实线。指引线不得交叉，应尽量相互平行。通过有剖面线的区域时，不得与剖面线平行。

（2）指引线应自所指部分的可见轮廓内引出，可在引出处画一圆黑点，若是部件或组件，在引出处画一箭头。在电气图中，若指引线指在电路线上，应在引出处画一短斜线。

（3）指引线标注图字的一端，画出水平横线，图字注在水平横线上方。水平横线长度与图字取齐，其位置在底图上要标示清楚。指引线与该水平线的夹角不得成平角。

3.2.4 底图上的注字

（1）底图中的术语、单位、符号、尺寸和文字等，应在图上的准确位置书写清楚。外文字母应按规定注明文种、正斜体、大小写等，以便在计算机绘图时录入。

（2）图上的文字符号力求精简。图中文字符号较多时，应改用阿拉伯数字代替，在图上按顺时针或逆时针方向顺序排列，依次编号。在图题的下面书写代号及其说明文字。

（3）图稿中名称均横排，各名称图字之间根据图稿具体情况可按水平或垂直两种方向排列。水平方向排列时，图字均排在同一水平线上，且各名称之间空 2~3 个字间隙。若名称图字较多，可在横线上排成两行。垂直方向排列时，图字第一个字应在一条垂直线上。图稿中为两个字的名称，两字间一般空一个字的间隙。

3.3 计算机绘图

3.3.1 环境要求

利用计算机绘图应具备必要的硬件和软件环境，如计算机、操作系统、图形制作软件、图像制作处理软件及扫描仪、数码照相机等。应尽量采用与印刷、排版系统兼容的操作系统和图形、图像制作软件。

3.3.2 制作

对于比较简单的线条图或方框图,可以按照底图直接利用图形绘制软件来制作。

对于比较复杂的装备结构图,可利用扫描仪将装备的零件图或装配图直接输入计算机,然后用图形制作软件处理成需要的图形文件。也可用绘图软件建立模型,然后生成。

对于照片插图,可先利用数码照相机拍摄实物,或利用扫描仪扫描已有照片,获取电子图像,再经过亮度、对比度、分辨率的调整,以及必要的剪切、合成、修饰后,形成符合制版要求的照片插图。

3.3.3 输出

计算机绘制的插图可用激光打印机单独输出;也可利用软件的编辑功能,将绘制的图稿直接插入文稿中去,形成文图合一的书稿一起输出。

4 编排格式

4.1 开本和版心

4.1.1 开本

(1)开本是指教材幅面的大小,即教材一面的面积。开本的大小是根据教材内容的复杂程度和文字多少,以便于阅读、携带和保管而定。

(2)根据 GB/T 788 的规定,我国将推广使用与国际接轨的标准开本及其幅面尺寸。新标准包括 A、B 两个开本尺寸系列,A4、A5、A6、B5、B6、B7 6 种幅面尺寸的开本。

(3)主要采用新标准中的 A4 和 A5 开本。一般教材采用 A4 开本,是主要采用的开本,A5 开本则用于小型和手册。

(4)由于设备及再版等原因,某些仍可过渡性地使用非标准的 787 mm×1 092 mm 16 开规格,过渡期为三年。

4.1.2 版心及版面字数

（1）版心是指教材幅面除去天头、地脚、订口、切口之后的部分，是教材幅面中规定的印刷区域。幅面尺寸和版面基本参数应符合表1－2的要求。

表1－2　版面基本参数　　　　　　单位：mm

代号	版心规格	天头	地脚	订口	切口	幅面尺寸	图示说明
A4	166×244	30	23	24	20	210×297	
A5	108×167	23	20	20	20	148×210	

（2）版心及版面字数：

A4开本版心：43行×44字　每面1 892字。

A5开本版心：28行×29字　每面812字。

16开本版心：39行×40字　每面1 560字。

以上行数和列数均以5号字体计算。

4.2　正文前辅文的编排格式

4.2.1　封面格式

（1）封面一般应列出教材名称、系列丛书名称、密级、编写单位或著作责任者和出版单位。出版单位如"中国人民解放军×军××部"或"×××出版社"。

A4、A5开本教材封面的格式和字体字号见附录B，其他开本教材可参照上述格式和字体字号自行设计。

（2）封面颜色与构图应庄重、大方、美观。系列教材应采用统一设计的封面。封面纸应采用128 g及以上的铜版纸。

4.2.2　书脊格式

书脊是连接封面和封底的书的脊部。当书脊厚度大于或等于5 mm时，应设计书脊。装备教材的书脊应设计有主书名和出版单位。书脊内容的字体要清晰、美观，字号要大小适中，使人易读，并便于查找。

4.2.3　主书名页格式

（1）装备教材的主书名页正面通常印有与封面相同的文字，仅字体不同，可自行设计。

（2）正式出版的装备教材，主书名页背面印有版权说明、在版编目数据和版本记录。版本记录中印有下列内容：出版者及其地址、印刷者、发行者；开本尺寸、印张数、字数、版次及本次印刷年月；印数和定价。

（3）非正式出版的装备教材的主书名页背面印有内容简介。"内容简介"标题占五行，用五号黑体字居中排，各字间空一个字间隙。正文用小五号宋体字。

4.2.4　出版说明格式

（1）出版说明位于主书名页之后，首页为单数页码。如果内容不超过一页，则背面为空白。

（2）"出版说明"标题占五行，用三号黑体字居中排，各字间空一个字间隙。

出版说明的内容及落款均采用四号仿宋体字，日期使用阿拉伯数字。内容和落款间空三行。

4.2.5　前言格式

（1）前言位于出版说明之后，首页为单数页码。如果内容不超过一页，则背面为空白。

（2）"前言"标题占五行，用三号宋体字，居中排，字间空两个字间隙。前言内容用五号宋体字。前言的落款（编者）用五号宋体字，日期使用阿拉伯数字。内容与落款间空两行。

4.2.6 目录格式

(1) 目录位于前言之后,首页为单数页码。

(2) "目录"标题占五行,用三号黑体字居中排,字间空两个字间隙。

篇题(或部分、编)用四号宋体字,居中排。不具有篇的教材,此项取消。

章题及与章同级的绪论、习题、附录和参考文献等,用五号黑体字顶格排。

节题及与节同级的习题、思考题等,用五号宋体字,行首空两字起排。

如果有目题,目题用五号宋体字,行首空三字起排。

当篇题为两个字时,中间空两个字间隙;当章、节、目题为两个字时,中间空一个字间隙。

(3) 章题、节题、目题与页码之间加连点,连点与文字、页码之间应有一间隙(两个连点)。如遇回行,行末留三字位,行首与上行文字对齐。

4.3 正文的编排格式

4.3.1 各级标题格式

(1) 各级标题占位及其字体字号

篇——占七行,居中排,二号黑体字(A4 开本)或三号黑体字(A5 开本)。

章——占五行,居中排,小二号宋体字(A4 开本)或三号宋体字(A5 开本)。

节——占三行,居中排,四号仿宋体字。

节的下级标题——占一行,行首空两字,五号黑体字。

其他下级标题——不占行。标题行首空两字,在标题后空半字书写内容。均采用五号宋体字。

上述占行标题为两个字时,中间空一字间隙。

上述标题的占行，是指篇、章、节标题不连排时的情况。如果两级标题连排，二者间的公用行应减少一行，如章、节连排时，中间只空两行。

（2）如果标题字数较多，可分行排版，排列应力求整齐匀称。各标题之后，均不加标点符号。

（3）篇、章均需另面排印。一般情况下，篇可与同篇的章节排在同一面上，只有当篇的叙述文字超过版面三分之二时，同篇的章节另面排；不带叙述文字的篇，各篇内容较多时，篇题可独占一页，隔页排同篇的章节（隔页用暗码）。

（4）与章同级的附录，其字体字号和占位与章题相同。

（5）节的标题不得排于版末，以避免标题与正文分排在两个页面上。

4.3.2　正文排版格式

（1）每段行首均应空两个字起排，回行时顶格排。每行之首不能出现句号、逗号、分号、顿号、冒号、问号、叹号，以及引号、括号、书名号等的后半个。段落中间的每行行末必须与版口平齐，行末不能排引号、括号、书名号等的前半个。

（2）文中句号、问号、叹号、逗号、顿号、分号和冒号通常用全角标点（占一字），小数点用四开（占四分之一字）间距，比例号用上下居中的对开标点，外文转行时用连字符"-"（半字线）。

（3）字距安排要合理，夹排外文字母与数字时，外文与汉字、数字与汉字、数字与外文之间应空四分之一间隙。

4.3.3　插图格式

（1）插图应紧靠首次提到该图的正文的下一行或段尾，不能超前和跨节排。图的上边缘与正文间空一行，左右串文时图文间应空两个字的间隙；图的下边缘与图号、图题空一行，图号、图题与下边正文空一行；图注与图号、图题间不空行，与下边正文空一行。

（2）图号、图题用小五号宋体字，分图题、图注等用六号宋体字。

图号、图题之间空一个字间隙，图号中"图"字和序号间空四分之一字间隙；图号、图题应左右居中排，句末不加标点；分图题、图注及说明文字在图题下居中横排。图注序号用阿拉伯数字，不加括号。序号与说明文字之间用半字线，文字后不加标点。各图注间空一个字间隙。

（3）插图一般应左右居中排，只有当图的横向尺寸小于版心尺寸三分之二，图旁需要串文时，插图才偏于一侧，并在另一侧串文。

4.3.4　页码格式

（1）教材正文的页码，以五号阿拉伯数字标注，数字两边不加任何修饰。单页码在版口右下边，双页码在版口左下边，页码位置全书必须一致。

（2）封面不排页码，也不占页码。主书名页、出版说明、前言及目录等的页码均须从1编起，为与正文页码区分，也可用大写罗马字母排，但出版说明、前言、目录等文字不超过一面时为暗码（即占页数而不排页码）。

（3）超版口的图、表，可不编页码（即为暗码），但校对时必须标明它们的页码顺序。超过开本范围的插页图、表，不占页码，但付印时应注明"插在××页后"字样。

4.3.5　注释格式

（1）脚注的序码应同正文提及的序码相呼应，并在同一页下方排印，正文与脚注间用一细线分开。脚注线长：A4开本为12字线，A5开本为10字线，即占版心的三分之一。不论脚注位于单页码还是双页码，脚注线均在版心左侧。

（2）脚注的注文不得转入下页，注释号的顺序以一个版面为准计算，隔面时应从头开始编号，不得接续上页。

（3）脚注排版：空两个字位起排脚注序码，脚注序码后空一个字的间隙，用六号宋体字排脚注，回行时齐上行文。对脚注的其他要求见2.6的2）。

（4）表注排版：表注应置于表内，并辟专栏书写。书写时，前空两个字位起排表注符号①、②……，符号后用六号宋体字排注释，回行时齐上行文。对表注的其他要求见2.5的7）。

4.4 正文后辅文的编排格式

4.4.1 附录格式

(1) 第一个附录应另起一面书写。并在附录正文上方标注"附录"两字,其格式与章相同,A4 开本用小二号宋体字,A5 开本用三号宋体字,居中排。"附录"两字之间空 2 个字间隙。标题下面各附录须用大写字母从 A 起顺序编号,如附录 A、附录 B 等。附录应设标题,其格式与节相同,用四号仿宋体字,占三行,居中排。

(2) 附录中若有图或表,其图号或表号中应加上附录的编号。例如:附录 A 中的图用"图 A-1""图 A-2"等表示;表用"表 A-1""表 A-2"等表示。图名、图号和表名、表号的字体、字号及图、表的格式和正文中图、表的规定相同。

4.4.2 参考文献格式

(1) 参考文献可排在各章之后,但通常排在书末,文献较多时应另起一面排。"参考文献"四字用五号黑体字居中排,占三行,各字间空一个字间隙。

(2) 在编排参考文献时,文献序号用阿拉伯数字,并加方括号,顶格排。序号后空一个字间隙,用六号宋体字排其他各项内容。详见附录 C。

(3) 在正文中,若所涉内容与参考文献呼应时,应把该参考文献序号写在相关内容句末的右上角,并加方括号。

4.4.3 封底格式

封底颜色应与封面颜色协调一致。内部发行的教材,其右下角应排印教材名称、主编单位、印刷厂名、开本、印张、字数、印刷出版时间,第 × 次印刷。公开出版教材的封底内容与格式由各出版社规定,通常在右下角排印中国标准书号和定价,左上角排印责任编辑和封面设计。

第4章 编审出版程序

1 编写准备

1.1 明确任务

编写单位受领编写任务后,首先应明确任务名称、内容、要求和完成期限;然后,进行以下两项工作:

①成立编写组,确定主编、成员和主审。主编负责全书的统稿和审定,并承担不少于全书三分之一的编写任务,实行主编负责制。

②签订编写任务书(参见附录E中的图E-1),提出完成任务的技术措施、人员分工、物质保证及经费开支等,做到任务、人员、时间、措施、经费五落实。

1.2 熟悉内容

在编写的准备阶段,应广泛收集有关资料并初步熟悉如下内容:

①有关文图资料,包括:条例、规定、技术和业务文件、产品图纸、产品设计说明书、靶场试验记录、研究成果和经验总结、文献、参考书和有关标准、规范等。

②有关装备的构造、原理、性能、使用和维修等内容。

③有关装备教材编写出版的规定。

1.3 调查研究

在初步熟悉上述内容的基础上,归纳成各类问题,列出调查提纲,深入有关机关、部队、院校、科研院所、工厂等单位进行有针对性的调查。

调查重点一般包括：

①所缺的资料和不熟悉的内容。

②有争议的问题。

③内容中的薄弱环节。

④武器装备在生产或研制过程中更改的内容。

⑤读者的文化水平和实践经验。

⑥读者的工作岗位和业务要求。

1.4　制订编写大纲

编写大纲是对全书内容、结构、深广度和写法的安排和计划。一般包括如下内容：

①编写意图（包括阅读对象和主要解决什么问题）。

②主题结构（对内容的主次先后、相互关系、叙述方法、阐述深广度等作出安排）。

③章节编排（一般不超过三层标题）。

④内容概要（列出各章节的内容要点）。

⑤资料来源（列出计划引用的主要参考文献和资料，对内部资料应认真审查，并征得相应机关的同意）。

⑥字数估计（各章节和全书字数、插图数量和总篇幅）。

⑦工作进度和编写分工。

2　书稿编写

2.1　审查试稿

1）对初次写作的编者及内容较为复杂的教材，为保证书稿的质量和规范化，避免成稿后的大量返工，需编写和审查试稿。是否需要试稿，由主管单位决定。

2）编者首先试写有代表性的部分章节书稿（文、图、符号等较全者），交编审委员会（或机关指定的编审办公室）审查，经审查合格后方可对全书的文稿和图稿进行编写和绘制。交试稿的时间应在装备教材编写任务书中明确列出。

3）对试稿审查的内容包括：文稿书写及计算机打印的格式是否符合要求；汉字、外文符号、标点符号、单位、数字、公式、表格等书写、使用是否规范；术语、符号、代号是否标准；文字叙述是否准确、简练、流畅；文图配合是否紧密、协调；插图类型是否适当，表达是否正确，线型是否清晰可辨；插图大小是否恰当；指引线和图字位置是否符合规定。

2.2 完成征求意见稿

1）审查试稿通过后，编写组就可以开始编写教材初稿。编写初稿是完成教材编写任务的基础，编写组要根据编写大纲，逐章逐节编写文稿；自拟或选用插图表格；自拟或选用习题、思考题；标注引文或参考文献。初稿完成后，经过组内讨论，进行内容斟酌、文字推敲、插图审核，修改整理成征求意见稿。

2）征求意见稿应达到第3章规定的文稿构成要求。文稿内容齐全，书写规范，并按照第3章规定的编排格式打印。图稿可用激光打印机打印，单独输出，装订成册，也可将图稿插入文稿中，形成文图合一的书稿。

3）征求意见稿经主管单位同意后，由主编单位分寄有关单位和个人征求意见。征求意见期限一般为1~2个月。被征求意见的单位和个人应在规定期限内提出书面意见。

4）为便于征求意见和送审审查，编者需在完成征求意见稿的同时，撰写编写说明。内容一般包括：任务来源、要求和指标；整个内容的组织和取舍的依据；重要内容或数据的解释、分析；重大分歧意见的处理；与其他相近教材比较，在内容和体系上的特色；其他应予说明的问题等。编写说明应与征求意见稿一同发往有关单位和人员。

2.3 完成送审稿

1）在征求意见的基础上，编写组经过汇总和研究，将征求意见稿修改整理成送审稿。同时，进一步修改完善编写说明，并附意见汇总处理表，列出所提意见及处理结果。

2）在整理完成送审稿和编写说明后，由主编单位报主管单位，经核准后即可组织审定。

3 书稿审定

3.1 审定的方式

1）审定方式分会审和函审两种。采用何种方式，由主管单位确定，并组织实施。

2）对装备工作发展有重大意义，或涉及面广、意见分歧较大的装备教材，一般应进行会审。会审要做好以下工作：

①由主编单位提出参加会审人员名单，报主管单位批准。

②主编单位应在开会前一个月，将送审稿和编写说明及审查要点，连同会议通知发至参加审定的人员。

③在审定会上应确定审定会负责人，由其负责组织审定会的讨论，并签署结论意见。

3）对涉及面较小、意见分歧不大的装备教材，可以采用函审。函审要做好以下工作：

①主编单位应明确提出审查要求，并附上送审稿评审意见表（参见附录 E 中的图 E-2）。函审期限一般为 1~2 个月。

②编写组对评审的意见进行归纳整理。若意见分歧不大，则经必要的修改补充后，正式提出报批稿。若评审中意见分歧较大，应对送审稿进行认真的修改后，再次评审或改用会审。

3.2 审定前的材料准备

3.2.1 会审前的材料准备

①送审稿（含文稿和图稿）：是审定的基本材料。分发参加审定的人员每人一份，由主编单位提供。

②编写说明：是对送审稿的注解和说明。发参加审定的人员每人一

份,由主编单位提供。

③送审稿审查要点:是突出审查重点的基本依据。发参加审定的人员每人一份,由主编单位提供。

④意见汇总处理表:汇总审查人员对征求意见稿提出的各种意见及主编在整理各种意见时的取舍情况,是审定的依据之一。发参加审定人员每人一份,由主编单位提供。

⑤装备类军事职业教育教材报批书(参见附录E中的图E-3):用以签署审定结论意见(一式两份)。由装备类军事职业教育教材编审委员会(或机关指定的编审办公室)提供。

3.2.2 函审前的材料准备

①送审稿(含文稿和图稿):发参与函审的人员每人一份,由主编单位提供。

②编写说明:发参与函审的人员每人一份,由主编单位提供。

③送审稿评审意见表:供函审人员按要求填写审定意见,发参与函审的人员每人一份,由编审委员会(或机关指定的编审办公室)提供。

④意见汇总处理表:汇总各函审人员对征求意见稿的修改意见及处理情况。由主编单位提供该表。

⑤报批书:由教材编审委员会(或机关指定的编审办公室)提供。

3.3 审定的标准

审定工作应严格按照第3章编写装备教材的总体要求和第4章对教材内容的基本要求进行。审查的重点有以下几项:

①是否符合国情和我军实际,是否适应读者的需要和水平,是否体现理论与实际结合的原则。训练和教学用的教材,其内容和分量是否满足教学大纲规定的基本要求,字数是否控制在每讲授学时 3 500~5 000 字。

②内容是否正确、系统、完整;原理、定义、概念是否准确、清楚,公式、数据、图表是否严谨、可靠;插图设计是否合理;文图配合是否协调。

③取材是否先进,是否与我军装备工作的发展水平相适应;在理念阐述上有无新的观点,在工作方法和技术上有无新的经验;编排体系有无创新。

④名词、术语、符号是否符合国家和军队的现行标准和规定;计量单

位使用是否正确;名词、术语、符号全书是否一致;插图绘制是否符合国家现行标准。

⑤文字叙述是否准确、简练、流畅;标点符号的使用是否符合规范要求。

⑥总体评价如何;是否达到编写任务书提出的要求和目标;与相近教材相比有什么特色。

3.4 审定的结论

1)经过审查,应作出审定结论。内容主要包括:
①审定的时间、地点,以及参加的人员。
②该书编写的指导思想是否明确。
③哪些部分应予肯定。
④存在的主要问题和进一步修改的意见。
⑤对该书的总体评价。
⑥是否通过审定、报批("同意报批""原则通过审定,待修改后报批""不予通过,待修改后另行审定,或委托某部门审查认可后报批")。结论意见文字要简练、准确,字数控制在500字左右。

2)结论意见的签署,分以下两种情况:
①会审的结论意见,经审定会通过后,由审定会负责人填写装备类军事职业教育教材报批书,并在审定意见和结论栏目内签上名字,报送主管单位。
②函审的结论意见,由主编单位综合归纳各函审意见表中的内容,整理起草结论意见,报送主管单位。经主管单位审核后,由主管单位填写。

4 报批工作

4.1 报批阶段的主要工作

报批阶段有以下几项主要工作:
①编者根据审定结论意见,对送审稿进行认真修改整理后,打印成文

稿，并完成插图的绘制工作，形成报批稿。同时，整理完善编写说明。

②由主编单位填写报批书的有关栏目，并由主编单位负责人签署意见。

③将整理完成后的报批稿、编写说明及报批书，送编审委员会（或机关指定的编审办公室）进行审核。审核合格后，由编审委员会（或机关指定的编审办公室）在报批书的有关栏目内签署审核意见。

④编审委员会（或机关指定的编审办公室）将上述材料整理汇总后，报主管单位审批。

4.2　报批稿中的文稿

文稿应达到以下要求：

①文稿应贯彻审定结论的基本精神，并符合第 3 章编写的基本要求。

②文稿的组成应齐全，并符合第 3 章规定的文稿编写要求。

③文稿应按第 3 章规定的编排格式打印，并将全部文稿录入光盘。

4.3　报批稿中的图稿

1）报批稿中的图稿应采用计算机绘制，既可文图合一，直接打印在文稿中，也可用激光打印机另页打印成图稿。

2）如果作者限于条件不能采用计算机绘图时，应按第 3 章计算机绘图的要求编绘底图，并将底图分章按序装订成册，在文稿中相应空出各图的图位（占四行文字幅面），交由出版单位制作。图中有关线形粗细、图字的字体字号、注字格式等，应按照第 3 章对插图的要求执行。

4.4　编写说明的整理

1）编写说明是报批的重要附件，其作用是便于领导机关和各类人员了解编者的意图，便于对该教材作出评价和合理使用，也便于再版、重编或编写相关教材时参考。

2）在送审稿审定后，依据审定结论意见，对原编写说明进行补充和修改，文字要精练，总字数限制在 3 000 字以内。

4.5 报批书的填报

1）装备教材报批书由编审委员会（或机关指定的编审办公室）统一印制，从审定开始，随书稿一起流动。

2）在审定结束时，报批书"审定意见和结论"栏，由审定会负责人整理并填写。"参加审定人员"栏，由参加审定人员填写并签名。采用函审方式时，"审定意见和结论"由主编单位起草，主管单位填写。

3）在报批阶段，报批书的"任务来源与意义"及"编写组主编及成员名单"栏，由编者填写。"主编单位领导意见"栏由主编单位负责人在报批稿和编写说明按要求整理完毕后，签署同意上报的意见。"编审委员会（或机关指定的编审办公室）审核意见"栏由编审委员会（或机关指定的编审办公室）完成报批稿内容与规范审核后签署意见。"主管部门批示"栏，由主管单位审查并签署意见。

5 出版印刷

5.1 教材的出版

1）编审、报批完成后，由主管单位安排出版。可以经过出版社出版，也可以由军队内部印刷发行。发行范围由主管单位决定。

2）出版涉及保密内容的，应经过主管单位和本单位保密委员会进行保密审查，按照军事密级划分的规定，确定是否属于保密范围及密级。带有密级教材的出版、印刷和发行工作，应按《中国人民解放军保密工作条例》的有关规定执行。

3）根据出版计划，需要由出版社出版的教材，应由编审委员会（或机关指定的编审办公室）将书稿送至出版社，并商定有关出版事宜。

4）一般属于内部发行与使用，应控制使用与发放范围，并列入移交。

5.2 书稿的编辑加工

编辑加工是按照出版要求对书稿进行审查、修改、整理的过程。编辑加工的任务主要有以下几项：

①审查书稿是否"齐、清、定"。"齐"，即书稿各部分组成齐全完整，按顺序排列，页码连续编号。插图已插入正文，或已另页打印按章分别装袋，袋面注明书名和图号起止数；"清"，即原稿整洁，图形字迹清楚，稿件不乱；"定"，即呈报批准后的定稿，不准存留含混不清之处，定稿的内容不允许再做较大的改动。

②审查书稿的文图部分是否符合规定，文内标题、符号、单位、数字、公式等书写是否达到要求；图稿是否正确和规范，文图配合是否合理和协调。

③审查编者对外文字母和其他符号的标注是否准确和完备，对有些容易混淆的外文字母的文种、字体、字号有无必要的批注。

④订正书稿中事实、数据的差错，进行文字修饰、润色，提高书稿文字水平。

⑤按照任务分工，对封面、书脊、内封、出版说明、前言、目录、正文及附录等，进行字体字号和关系位置的标注（用红色笔）。

5.3 校对工作

1）对校对工作的要求：

①校对必须认真细致，一丝不苟，对每个字、每条线、每个标点符号、每页的版面，都要仔细核查。

②校对应忠实原稿，校对人员应熟悉文图编绘的有关规定、装备教材的编排格式和校对符号的正确使用（见附录F）。

③校对时校对引线不可交叉，应从行间空白处引出，改正的字符要在页边书写清楚。

④批改校样时必须字迹端正，引线清楚，指示详明，便于改版。

⑤校对中如发现原稿上有错误或问题，应标注问号，由编者修改，并在校样上改正。

2）校对工作的程序：

①印刷单位进行毛校，修改后打出清样，内部出版教材送编写组校对，出版社出版教材由出版社校对。

②编写组或出版社进行一校、二校、三校，每次校对均有一名责任校对负责全书的统校。

③三校后若基本无错，由责任校对在校样上签名并签署"改后付印"字样。若错误较多，由印刷单位仅将错误处改正打印，由编者进行点校，或再增加校次。

④必要时，编审委员会（或机关指定的编审办公室）可对付印样进行核查。

3）校对工作的任务：

①改正排版错误及校样上的错别字和多、漏的字。

②改正转页、转行和接排中的错误。

③改正外文字母、标点符号、公式及其符号的错误。

④改正插图中的错误。

⑤检查图、表、数学公式、化学方程式等关系位置是否符合规定。

⑥按照任务分工，检查注释和参考文献的次序与正文所标序号是否相符。

⑦检查图注或说明文字与图中代号是否一致。

⑧检查版式是否符合要求，包括行距、字距及字体、字号是否规范；全书各级标题是否统一；表名、图名有无偏斜；正文脚注序号与注文是否在同一页上；有无书眉，书眉横线粗细是否合适。

⑨依次检查图号、表号、公式序号和标题顺序。

⑩检查目录与正文标题是否一致，并填页码。

⑪检查页码是否连贯；如有插页（插图或插表），应在各页注明插入（双页码的后边）的位置，暗码亦必须注明，双跨单排的表格、插图等检查是否在双单页码之内，特别是改版后页码有变动时，检查是否仍为双单对照。

5.4 教材的印刷

1）对承印单位的要求：

①应在由主管单位指定的军内印刷厂印刷。如需地方承印，必须在具有国家认可的"书刊印刷许可证"的正规印刷厂承印。

②由出版社公开出版的，其印刷单位应与出版社协商确定，一般应在军内印刷厂印刷。

③凡属秘密等级以上的，必须到公安部门指定的具有《国家秘密载体复制许可证》的定点单位，按有关保密规定印刷。

④印刷单位必须严格按照国家技术监督部门和出版行政管理部门制定的有关书刊印刷标准和印刷产品质量管理规定执行。

2）对印刷质量的基本要求：

①封面、主书名页、插图、表格套印准确、端正；字、图、点、线等印迹清晰、层次分明。

②正文字迹、符号、标点清楚，标题字黑实不花；小号字和上下标符号均匀不模糊，无缺笔断划。

③中文、外文和阿拉伯数字字型完整，排列整齐均匀。

④全书墨色均匀一致，反差清晰。

⑤印刷用纸和色泽全书一致。

⑥装订开本尺寸及版面天头、地脚、订口、切口等符合规定要求。成品切裁无明显刀花、连页、折角，书背平整，书脊印字不偏不斜不变形，封面与书芯粘贴牢固。

⑦书芯平服、无皱，骑马钉、平钉的钉脚不凸，两钉间距适当；不脱页，牢固耐翻。

6 总结归档

6.1 档案的建立

1）出版后，必须进行立卷归档，以便于对该书的正确使用和为以后的编写工作提供重要的借鉴。编写档案一般由主管单位和编写组负责，出版社协助，编审委员会（或机关指定的编审办公室）汇总。

2）归档的主要内容：

①任务下达的单位、时间、要求、完成时间及任务指标，编写任务书。

②主管单位、主办单位各级领导对编写工作的有关指示摘录和批件。

③调查资料，确定技术要求和采用的具体方法的依据，试验记录和分析结论，各级审定会议中讨论提出的技术问题，以及有关文稿、图稿的原始资料。

④审定会议结束时主管单位领导的总结。

⑤审定会议的纪要和结论，报批书。

⑥采用函审时，全部的"送审稿评审意见表"。

⑦教材出版的原稿（文稿和图稿），编写说明，成品教材全套，计算机排版的书稿光盘。

6.2 立卷保管

1）对立卷的要求：

①为确保技术档案的系统性、完整性和准确性，凡立卷保管的编写档案，应按编写工作的阶段和时间顺序整理立卷。档案材料内容包括：技术档案封皮、案卷名称、卷内目录、档案正文。

②立卷文本书写要工整，字迹清晰，用计算机打印或用墨水笔誊抄，严禁用铅笔或圆珠笔书写。

③立卷保管的档案，应经编写组负责人、立卷人审核并签名。

2）对档案保管的要求：

①编写出版任务完成后，编写组或出版社应及时从工厂取回全部文图稿，经过清点整理，不折不卷，放置平整，装入结实的纸袋内，并在纸袋上写明名称、文稿页数、插图张数、文图编写出版日期等，然后由编审委员会（或机关指定的编审办公室）存放于木箱或专门的档案柜内。

②插图图稿要平展放置，以便再版时可继续使用。

③书稿光盘按规定保管，防热、防潮、防强磁场，并定期检查和

复制。

④建立立卷保管清册，并编号逐一登记，以便查找和使用。

⑤立卷的编写档案，送编审委员会（或机关指定的编审办公室）保管。

6.3 质量的跟踪检查

各类教材出版后，经过部队一段时间的使用，应组织有关编写人员赴部队、院校和有关的使用单位进行调查了解，收集具体意见，以便再版时修改补充。若有原则错误，应及时写出更正补充材料或重新再版。

第 5 章 挂图编绘与印刷

1 对挂图的要求

1.1 基本要求

挂图应满足以下基本要求:

①全套装备挂图必须完整、系统,内容准确,应能反映兵器的组成、结构、动作原理和状态,图上的内容应与实物相吻合。

②全套装备挂图一般应包括兵器本身和主要附件,其主要装置除应有外貌图、装配结构图外,还应有必要的零件展开图。

③图的图型类别应符合装备结构特点和编绘意图:表现装备全貌和大部组成,一般用外貌图;表现各大部构造,一般用装配结构图或零件展开图;表现各大部的动作原理,一般用机构运动简图;各大部件上需要突出表示的特殊部件或部位,一般用局部放大图;表现电子、光学仪器的电路和原理,需要用电路、光路图。

④装备挂图的绘制应符合机械制图和电气制图等国家标准。

⑤挂图中有关兵器的组成、术语、符号、代号等应与该兵器的勤务教程及相关手册相一致。

1.2 对幅面、图字的要求

挂图的幅面、图字应满足以下要求:

①挂图分横幅和竖幅两种,以横幅为主。幅面及各部尺寸见附录 G 中的图 G-1 及图 G-2。

②挂图上的图字应包括图名、兵器名称、挂图总张数和序号、颁发单

位、出版日期、文字说明及零部件名称等。图字的字体字号要求见附录G中的表G-1。

③标注零部件名称,应从零部件上画出指引线,在指引线末端标注名称。零部件名称的图字均应横排,各名称之间可按横向、竖向或斜向排列。采用竖向排列时,以字多的名称为基准,字少的可适当增大字距,并使左右两端有一端齐平。

1.3 对着色的要求

挂图着色应满足以下要求:

①装备零部件表面色彩应与新品表面真实颜色相近,相邻件颜色应有所区别,并全套图大体一致。

②零件剖面以剖面色代替剖面线,剖面色以浅淡为主,不带明暗变化,除铜和非金属材料外,可与材料本身颜色不一致,相邻零件的剖面色应区分明显。

③动作原理图着色可与零件表面涂漆或材料本色不一致,但应庄重、美观。

④电路图、光路图中的信号流程等可用比较醒目的颜色绘制。

⑤全套图用色不宜过多,一般控制在五种以内,一种色的层次也不能过多。

2 挂图的编绘

2.1 编绘前的准备

1)编绘装备挂图前,编绘人员应参照编写任务书的内容与格式,签订装备挂图编绘任务书。在任务书中明确编绘任务、要求和完成日期,提出完成任务所需物质保证和经费开支。然后,熟悉装备、研究图纸和制订编绘计划。

2)应为编绘人员提供必要的生产定型图纸和勤务教程,并允许对制式兵器进行分解和测绘。

2.2 确定绘图方案

绘图方案由编者提出,并与绘图人员研究后确定。绘图方案中应包括以下内容:

①挂图张数:全套挂图的张数应由装备结构的复杂程度决定,但应主次分明,重点突出,力求精练和一图多用。

②各图的内容和构成:包括主图、附图和局部放大图的内容,各图的作用、布局及比例,各图的图名、注字和文字说明。

③挂图表现方法:通常外貌图可选用轴测图、彩色摄影图或写生图;结构图、零件展开图和零件传动图可选用轴测图(全剖、半剖)或彩色摄影图;结构关系图、动作原理图和电路、光路图可选用平面图;操作图可选用写生图。

④挂图详略程度:通常全貌图应能反映出各主要部件;部件结构图应能表示出各组成零件;零件图应画出该零件的详细形状。

⑤确定挂图绘图方式:编绘装备挂图可采用手工描绘和计算机绘制两种方式。编者应根据装备挂图的特点和现有的绘图条件决定采用何种方式。

2.3 手工绘图

手工绘图可按以下步骤进行:

①绘制草图:草图由绘图人员根据绘图方案,结合实物、图纸进行起草,经反复推敲、修改后,用铅笔绘制在规定幅面的绘图纸上。

②校对草图:编者应认真细致地校对草图,并提出详细修改意见后交绘图人员修改,形成底图。

③标注图字:绘图人员用描图纸覆盖在底图上面,在描图纸上标注图名和零部件名称,并在零部件旁画出指引线。然后,将所有零部件名称和文字说明,按规定的字体字号,用激光打印机打印。

④形成征求意见稿:征求意见稿包括底图、注字和文字说明。征求意见稿经主管单位同意后,由主编单位邀请专家征求意见,编者和绘图人员根据所提意见分别修改底图、注字和文字说明,经校对确认无误后,交绘图人员上色。

⑤底图上色：绘图人员按照挂图着色要求，对照实物，在底图上进行着色，并用黑色或深色笔描绘各零部件的轮廓线。然后，用描图纸覆盖在底图上面，在描图纸上画上挂图边框线，贴上零部件名称，并用墨水笔画上指引线；同时将图名、颁发单位及文字说明等贴在描图纸的相应位置上。

⑥形成送审稿：编者对图和文字进行全面校对，由绘图人员修改后，形成送审稿。

2.4 计算机绘图

1）计算机绘图所需的硬件、运行环境与设备应能满足绘图的需要。

2）图形制作的方法

①利用常用软件的图形制作工具，直接制作出比较简单的图形。

②利用专门图形制作软件，制作高质量的图形。

③利用扫描仪扫描图形原图，转换成图形文件。

④利用图形图像转换软件，将静止图像转换成图形文件。

3）对图形制作的要求

①充分运用由点线面组成的图形，如结构框图、流程图、原理图及工程图等。

②对机械图和电气工程图等，应符合国家有关标准的规定。

③各图元关系位置准确，图线类型区分明显，图线衔接平滑。

④不存在漏线、多线、变形、图线不到位和出界等情况。

4）图像生成和处理的途径

①利用数码照相机拍摄装备实物，形成图像文件。

②利用扫描仪扫描照片、画片获得彩色或黑色图像。

③利用图像制作软件制作图像。

5）图像处理的内容

①图像的调整：包括调整亮度、对比度、分辨率、色调和图像尺寸等。

②图像的修饰：包括擦除缺陷或修改细节。

③图像的艺术处理：包括图像的旋转、变形、柔化、虚化等。

④图像的合成：把两幅或多幅图像的一部分像素合并成一幅图像，或在图像中进行剪切和粘贴以修改图像内容。

6）挂图的编辑制作过程

①按照挂图的版式规格，确定挂图尺寸，画上边框线，注上图名、颁发单位等图字。

②生成图像、制作图形，进行必要的图像处理。

③通过移动位置，调整大小和颜色，安排好各个图像的位置。

④添加指引线和零部件名称，注意留出标注文字说明的空位。

⑤用规定的字体字号标注文字说明。

7）利用彩色打印机或绘图机，打印或绘制彩色稿。编者对彩色稿进行全面校对，由绘图人员修改后，形成送审稿。

3　挂图的审定与印刷

3.1　审定

1）装备挂图的审定通常采用会审方式，审定的内容主要有以下几个方面：

①是否体现了编绘的指导思想和原则。

②是否达到对装备挂图的要求。

③内容选择是否适当，表现方式是否合理。

④能否满足对本装备的教学、训练，以及使用、勤务的需要。

2）审定前的准备

①准备好送审稿和有关图纸及参考资料。

②准备好兵器挂图的编绘情况报告。

③准备好兵器挂图报批书。

④确定参加审定会人员名单和主审人。

3）审定的结论

参照第3章3.4的2）审定的结论执行。

3.2 印刷

1）编绘人员根据审定意见修改送审稿，形成报批稿。

报批稿要达到以下要求：

①全套挂图完整，绘制准确无误。

②着色符合标准，色调统一协调。

③图字内容正确，位置安排适当。

④图字标注格式一致，字体、字号符合规定。

⑤各图标注的总张数相同，序号安排合理。

2）报批之后，就可将图稿交付工厂印刷。装备挂图应用铜版纸或胶版纸印刷，印刷颜色应与图稿颜色一致。

3）在印刷过程中，编绘人员要认真校对。校对印刷稿一般分为一校、二校、三校，一校是重点，在一校中应将工厂在制版中出现的错误及图稿未被发现的问题全部校出来并加以改正。二校、三校一般为点校，主要校对修改过的地方。

校对要及时、准确、无差错、无遗漏。对没有问题的图应签名，然后正式印刷出版；对一些容易改的问题，改后不需再校，应标明改后付印；对问题较多，改后需再校者，应标明改后再校。最后，由责任校对签名，以示负责。

4）校样常出现的问题

①校样颜色差别很大，颜色失真。

②主要部位的套印误差过大。

③剖面颜色和零件间界线不清，区分不大。

④轮廓线和指引线存在过长、过短、不实、残缺不齐、漏画、错画等问题。

⑤彩色轮廓线不清、不全，颜色过浅。

⑥注字位置不对，名称与实物不符，漏字、多字、有错别字等。

⑦图字内容有错误，位置不准确。

⑧引线起点端点位置不对，与实物不符。

5）改错应使用GB/T14707规定的统一符号（参见附录H中的表H-

1)。图的改错,一般用文字说明或画出修改式样。对修改部位过多的图,修改处应加编号,以防漏改、漏校。修改一律用红笔,并引出黑框外或在框内空白处加以标注。

3.3 总结

1)一套挂图印制后,要进行总结和立卷归档,该项工作一般由编绘组长或指定专人在印刷厂协助下进行,并送主管单位存档。

2)立卷归档的内容

①任务下达的单位、时间、要求、完成时间及任务书。

②主管单位、主编单位各级领导对编绘工作的指示和批件。

③编绘组的成员名单及其分工。

④审定会文件。

⑤挂图的报批稿和编绘说明。

⑥报批书。

⑦全套成品挂图(塑料袋成卷包装)。

第二篇　装备类军事职业教育电教教材编制规范

1 范围

本规范规定了编制装备类军事职业教育电教教材的基本要求，还规定了编制开发流程、功能模块组成及制作技术要求。

本规范适用于装备类军事职业教育电视教材、多媒体教材、网络课程等电教教材的编制。

2 引用文件

《中国人民解放军电教教材工作暂行规定》 2000 总参谋部军训与兵种部

《电视教材技术规范》 2002 总参谋部军训与兵种部

《多媒体教材技术规范》 2002 总参谋部军训与兵种部

《网络课程技术规范》 2002 总参谋部军训与兵种部

《总装部队军事训练统编电教教材编制规范》 2008 总装备部司令部

3 基本要求

3.1 思想性

符合党的路线、方针、政策和新时期军事战略方针的要求；运用辩证唯物主义和历史唯物主义的立场、观点、方法分析和阐述问题，树立科学的世界观和方法论；培养爱护武器装备的意识，弘扬热爱祖国、献身国防、爱岗敬业的精神；内容上应杜绝政治性错误，并严格遵守保密规定。

3.2 科学性

教材系统完整、内容正确，与部队训练大纲和院校课程标准一致；技术要求合理、逻辑严明、层次分明、重点突出，能使受训者获得正确、系统的知识。

3.3 实用性

紧密结合部队训练和院校教学实际,有明确的教学目的、教学要求和使用对象,能够发挥电教教材的特点和优势,有利于提高教育训练质量和效益,提高受训对象的综合素质和创新能力。

3.4 针对性

突出解决部队训练中重点、难点问题,针对性强;应用范围广,具有较大的推广应用价值。

3.5 规范性

符合科学原理,表述准确、精炼,专业术语规范;符合军队条令、条例和规范的要求;符合国家和军队的相关通用技术标准;主题思想鲜明,引用的定理、定律、文献准确可靠。

3.6 艺术性

画面清晰,声音稳定,色彩还原真实,组合协调、流畅;创意新颖,构思巧妙,符合视觉、听觉与心理规律,画面形象生动、美观;编辑自然、流畅,媒体结合和谐,艺术感染力强。

4 电视教材

4.1 技术要求

4.1.1 记录制式与设备

记录制式符合 PAL-D 彩色制式。

记录设备包括摄像机、录像机、非线性编辑系统、刻录机等。

4.1.2 画面质量与视频信号

①画面应主体突出,构图合理,图像中心正确,镜头聚焦清晰、组接

流畅，动画、特技运用恰当，用光适当，能较好地体现被摄对象的主体感和质感。

②视频信号应同步稳定，控制信号连续，图像无抖动、扭曲、跳跃现象。

4.1.3　声音质量与音频信号

①声音质量：人声、效果声、音乐声有机结合，音量电平比例合适，音乐运用恰当，效果声逼真，声、画同步相辅。

②音频信号：录像带音频信号录音轨迹分配为一声道录音乐、效果、同期声，二声道录解说声。

4.1.4　字幕标准

字幕工整，字体规范、醒目，一般采用宋体、黑体和隶书。计量单位、名词、术语应符合国家和军队有关标准规范。

4.1.5　记录存储介质

记录存储介质通常采用录像带、光盘、硬盘和存储卡等。

4.2　编制流程

4.2.1　编写文字稿本

应把准备制作电视教材的全部内容，用画面和解说词结合的形式写成文字材料。文字稿本格式如表 2-1 所列。

4.2.2　文字稿本编写要求

①源自教学大纲。

②针对教学对象。

③具有科学性。

④体现教材重点、难点。

⑤内容应具形象性。

⑥拍摄实施具有可能性。

⑦具有推广价值。

表 2-1　电视教材文字稿本编写格式示例

解　说　词	画　　面
（四）收炮 收炮是将自行火炮由战斗状态转换为行军状态。 听到连排指挥员下达"收炮"口令时，各炮手应迅速按下列方法操作。 炮长动作为： 下达或复诵收炮口令。 拔下工作帽插头。 关闭通信控制器、车通、电台、火控操作显示台、炮长电气面板、炮长照明灯电源开关	标题字幕动态出入 炮塔转动 火炮行军指挥员 指挥员下达口令 战炮班人员行动 炮长下达或复诵收炮口令 拔下工作帽插头 关闭通信控制器、车通、电台、火控操作显示台、炮长电气面板、炮长照明灯电源开关

4.2.3 编写分镜头稿本

应依据文字稿本的内容设计，编写可供前期拍摄、后期编辑制作的稿本。分镜头稿本格式如表 2-2 所列。

表 2-2　编写电视教材分镜头稿本格式示例

镜号	机号	景别	技巧	时间	画面	解说词	音乐	效果	备注
18	1				闪入片名《××型自行加榴炮武器系统简介与战炮班操作》		平缓音乐	特技效果组合	

续表

镜号	机号	景别	技巧	时间	画面	解说词	音乐	效果	备注
19	1	全	淡入	10秒	火炮静态展出，火炮运动行进和战炮班人员操作	本部分由××型自行加榴炮武器系统组成、主要特点和主要性能等内容组成	平缓音乐		
20	2	近	划入	8秒	火炮射击、开炮和摧毁目标	它主要用于对敌炮兵作战、压制敌战术核武器和其他重要的战术目标	雄壮紧张背景音乐	同期声	
21	2	中	摇	12秒	火炮连续射击，装甲兵部队演习，集团军、机械化师和预备役炮兵师行进	并以不间断的火力支援步兵和装甲兵作战行动，主要装备于集团军、机械化师、坦克师和预备役炮兵师	雄壮紧张背景音乐	同期声	

表中各栏和内容如下：

①镜号：镜头的顺序号。

②机号：现场拍摄的摄像机号。

③景别：摄像机取景范围的大小，分为远景、全景、中景、近景、特写等。

④时间：拍摄镜头的时间长短，以分、秒为单位计算。

⑤画面：注明画面场景的内容、变化要求和简单构图。

⑥解说词：分镜头稿本里的解说词。

⑦音乐：配合画面内容选取乐曲，并标明起止位置。

⑧效果：伴随画面应用的音响效果（包括同期声）。

⑨备注：记录拍摄地点、备忘事项和特殊要求。

4.2.4　分镜头稿本编写要求

①文字表述要形象化，要有形象表征特点。

②文字表述要有主体意识。

③文字表述要含景别、构图、机位等拍摄实施的可行性措施或因素。

④文字表述要有空间、环境、轴线、时间及事物运动变化过程的概念。

⑤文字表述要含有镜头表现的技巧应用因素。

⑥文字表述要力求简明。

4.2.5　制作电视教材

包括摄录前准备、摄录和编辑合成三部分：

①摄录前准备：应制订摄录计划，确定参加摄录人员和表演人员，完成美工、动画材料、道具、器材及其他材料的准备。

②摄录：应完成电视画面拍摄，根据分镜头稿本对每个镜头的内容、景别与拍摄技巧的要求，进行摄像并记录在磁带、光盘、硬盘和存储卡等存储介质上。

③编辑合成：应利用电视编辑设备和计算机非线性编辑系统，进行电视画面、声音、字幕和动画的创作编辑。

4.2.6　编写完成稿本和使用手册

应在电视教材制作完成后，根据教材制作过程中的实际情况，修改、完善文字稿本，形成电视教材和完成稿本，并编写电视教材和使用手册。使用手册内容主要包括编写目的、使用对象、内容简介、主要功能、教材特色、术语和缩略语、安全保密要求和编制单位、联系方式等。

5 多媒体教材

5.1 功能模块组成

5.1.1 基础知识功能模块

主要包括相关专业的基础理论（技能）、背景知识等基础知识功能模块。

5.1.2 专业知识功能模块

主要包括本专业的理论（技能）、重点知识、难点知识等，不同的重点和难点知识宜视情况分块讲解专业知识功能模块。

5.1.3 练习测试功能模块

主要提供评价学习人员对所学知识掌握程度的练习、测试题，也可提供考核功能和试题库，并具备记录学习人员学习过程的功能练习测试功能模块。针对具体系统（设备）的多媒体教材，专业知识功能模块一般包含：

①设备原理：主要描述系统（设备）的工作原理、工作流程和接口关系，也可提供相关技术资料库。

②技术指标：主要描述系统（设备）的性能指标。

③操作过程（模拟）：主要描述系统（设备）工作、测试、维护保养的实际操作过程，并尽可能提供模拟操作功能。

④故障描述（模拟）：主要描述系统（设备）故障的现象、机理分析、应急操作和排除方法等。尽可能提供故障设置、诊断模拟和故障库，并具备删除和修改功能。

5.2 技术要求

5.2.1 安装与卸载

5.2.1.1 安装

安装宜采用光驱直接运行、安装。安装目录应允许自行决定，并同时给出默认目录供用户参考；安装过程必须有明确的中文提示。应给出安装程序文件（Install 或 Setup）；安装过程中，若要修改计算机系统参数，应提示用户所要修改的内容，并提供恢复原系统参数的方法。网络安装必须指明相应的网络工作方式，如文件共享、客户/服务器和 www 浏览器等，并说明是否支持无盘工作站形式，若不支持必须指明所需的本地硬盘容量。

5.2.1.2　卸载

卸载宜使用光驱直接运行、卸载。应给出卸载程序文件（Uninstall）。

5.2.2　运行环境

5.2.2.1　单机版运行环境要求

运行的硬件环境应满足当前常用计算机配置。采用任何编程语言或编辑工具开发的教材都应能脱离开发环境独立运行。运行过程中，不得改变用户计算机系统参数和系统文件；用户可根据自己的需要中断或退出，若遇到非正常退出，应给出提示信息；除计算机系统和教材已定义使用的功能键外，按任意键不应造成死机或系统出错；如需要用户等待 3 秒以上的时间，应给出提示信息。

5.2.2.2　网络版运行环境要求

硬件环境与单机版相同。除文档中说明机器自身的最低配置外，还应说明网络运行所需的最小带宽，在网络带宽允许的条件下，教材在网上应能正常运行。

采用客户/服务器方式的网络版教材，在下载安装客户端浏览程序后实现浏览，支持 Web 浏览功能的多媒体教材直接从浏览器中点击热键浏览，借助浏览器插件浏览的，应提供该插件的下载功能。

5.2.3　导航设计

5.2.3.1　结构说明

以目录索引表的方式列出如下内容：教学单元、教学活动、学习时数、学习进度和学习方法等，并指明受训对象所处的知识层次和位置，直接到达所需学习页面。

5.2.3.2　目录导航

采用目录树等方式将多媒体内容的体系结构按照层次关系呈现，网页间的联系要便于学习者对知识结构的掌握。

5.2.3.3 直接导航

对一些重要的导航点,在主界面提供链接的超链接导航。

5.2.3.4 历史轨迹导航

记录学习者所访问的历史路径,学习者可随时快速跳转到以前浏览过的网页。

5.2.3.5 地图导航

设置导航图,以图形化的方式,表示出超文本网络的结构图,图中包含有超文本网络结构中的节点及各节点之间的联系。

5.2.3.6 检索导航

提供一套检索方法供用户查询,通常是查询控制节点或索引节点,可以利用关键词、标题、时间顺序或知识树等多种方式设置。

5.2.3.7 帮助导航

提供一种演示方式指导学习,把系统中的节点按需求向学习者演示,以供学习者模仿。

5.2.3.8 书签导航

用户在浏览过程中,可任意设置书签,需要时可快速回到书签的节点。

5.2.3.9 演示控制

对于声音、动画、视频、课件等资源,应提供"播放""暂停""停止""开始""复位"及任意拖动位置播放等功能,定位要清晰。

5.2.4 界面设计

界面设计应向用户提供一个交互性强的操作环境,并符合以下要求:

①操作简便:在整个教材运行过程中,对命令键、功能键的命名应始终如一,任何功能键只能赋予一项功能。菜单的分级不要超过三级,每级菜单都应设置返回按钮,可随时返回上级菜单。

②内容简洁:内容应力求准确、简洁明了,不使用意义含混、模棱两可的词汇或句子。

③布局合理:界面布局应美观大方、重点集中,在同一画面上,不应出现两个以上的兴趣中心。显示内容不宜过多,应留有一定的余地。一般正文每屏不超过15行,每行不超过30个汉字,如显示不下可采用滚动

技术。

④组接流畅：页面切换快速，在方向、色彩、亮度等方面保持协调。恰当处理静止画面和活动画面的组接，应避免页面切换时产生跳动。

⑤色彩协调：不同的主题内容用不同的色调来表现，前景与背景在色彩上应有明显的区别，一般以单色或简单图形做背景，每一页面使用颜色不宜过多。

⑥前后统一：相同类型的信息应使用相同或相似方式显示，包括显示风格、布局、位置、色彩及人机操作方式等。

⑦分辨率：页面分辨率一般应在1 024×768以上。

5.2.5 素材类型

根据多媒体教材的总体要求进行素材收集与制作，围绕知识点的划分收集相应的文本、图形（图像）动画、视频、音频、课件和题库等素材。基本要求如下：

5.2.5.1 文本素材

文本素材表述应简明扼要，遵循通用的语言文字规范。字体宜使用系统自带字体，确属需要特殊字体，需制作成图像。每页文字数量及字体大小以清晰、美观为标准，字体颜色与背景色区别明显。同页面内文字与其他媒体的关系应在视觉上主次有序，布局得当，层次鲜明，行文格式应符合国家和军队的标准规范。学科专有的符号遵循各学科的规范用法，除特殊用途外，不得采用繁体字、异体字。

5.2.5.2 图形（图像）素材

图形（图像）画面应清晰、美观、色彩和谐。彩色图像的颜色数不低于32位色数，图像的灰度不低于128级，扫描的图像分辨率不低于150 dpi，提供原图下载功能。

5.2.5.3 音频素材

音频应真实、准确、清晰、流畅。采样频率不低于22 kHz，量化位数至少为8位，声道数建议以双声道为主。使用的语音采用标准的普通话（英语及民族语言版本除外），英语使用标准的美式英语。

5.2.5.4 视频素材

视频应采用PAL制，网络版教材标准不低于320×240的分辨率，音频与视频有良好的同步。

5.2.5.5　动画素材

动画应在造型、色彩、动作节奏等方面体现模拟对象的真实性。

5.2.6　属性描述

发布多媒体教材时应提供的属性标注如下：

①学科和专业代码：按教育部颁布的标准标注。

②教材名称：多媒体教材的名称。

③适用对象：教材适用的学习对象。

④信息量：教材的总数据量。

⑤图像数：教材内容中所包含图形（图像）的数量。

⑥音频数：教材内容中所含音频文件的数量。

⑦视频数：教材内容中所含视频文件的数量。

⑧动画数：教材内容中所含动画文件的数量。

⑨页面数：教材内容中 Web 页面的数量。

⑩运行环境：教材所需的运行环境。

⑪版本号：教材发布的版本号。

⑫关键词：反映（体现）教材内容的关键词语。

⑬编制单位：编制教材的单位。

⑭编制人员：参与教材编制的人员。

⑮内容简介：教材内容的简要介绍。

⑯密级：教材的涉密级别。

5.2.7　安全性与可靠性

教材内容必须符合国家和军队有关安全保密规定。教材应能正常可靠运行，能可靠启动与退出，各功能按钮能正常工作，没有连接中断或错误，没有明显的技术故障，具有一定的容错能力，数据不得丢失。

5.3　编制流程

5.3.1　编写文字稿本

应把准备制作多媒体教材的全部内容，按照教学过程的先后顺序，用教学内容和呈现方式相结合的形式写成文字材料。文字稿本格式如表2-3所列。

表2-3 编写多媒体教材文字稿本格式示例

教学内容	呈现方式
35毫米自行高炮火控系统主要由火控计算机及软件、火炮随动系统和操纵杆等组成	文字、三维动画、配音
火控计算机主要由CPU主板、CAN总线接口板、电源板、时统控制板等组成	文字、图片、动画、配音

5.3.2 文字稿本撰写要求

①按内容体系列出整体结构。

②应做到层次清楚，段落分明，整齐匀称，粗细适度，过渡自然，脉络清晰，各部分间保持内在的有机联系。

③每部分内容通常应分为开头、中心、结尾三部分。

④通常以目录的形式分别引出全部和各部分内容。

⑤将内容层层分解，最后细化为以序号为标志的最小单位，其中有任何媒体发生变化，均应另列序号。

⑥明确各部分内容间的连接关系和采用的交互手段。

⑦应充分发挥多媒体的优势和交互功能，并应贯彻由简单到复杂、由具体到抽象、由浅入深、由已知到未知等原则。

⑧文字稿本由界面和控制方式两部分构成，用文字说明界面的内容和布局。

5.3.3 系统结构设计

通过分析研究多媒体教材文字稿本，对教材的知识点、媒体、页面、功能和风格等整体结构进行设计和描述，同时对版面、图文比例、呈现方式、色调、节奏等进行说明，主要包括知识描述设计、媒体运用设计、界面设计、功能设计和美学风格设计等。

5.3.4 编写制作稿本

应在多媒体教材文字稿本和系统结构设计的基础上,依据编制人员的设计思想编写的用于编辑制作的文字材料。制作稿本格式如表2-4所列。

表2-4 编写多媒体教材制作稿本格式

页面	窗口/热键	说明
二级界面:光电系统(维修训练)次级链接:更换视频跟踪器、更换视频跟踪器电视取差板、更换电子箱。帮助、导航、退出、返回	主页面共需设置5个热键;开设一个弹出窗口,以播放动画,此动画同上一级,但播放、速度、退出皆可控制	主色调为蓝色,热键为明黄色,以醒目。动画为自动播放,无须热键控制,动画为三维并揉入二维绘图

5.3.5 制作稿本编写要求

①制定统一的窗口、工具栏、按钮、菜单条等形状及图像、视频的尺寸等。

②根据文字稿本,划分最基本的信息单元,单元的空间大小对应计算机的一屏,而时间长短不受限制。

③进行每一界面的具体安排。

④确定各单元之间的连接关系,选定交互的方法和手段。

⑤设置各类帮助信息和导航手段。

5.3.6 编辑制作

多媒体教材分为素材准备和编辑整合两个阶段:

①素材准备:应把多媒体教材中所需图像、音频、文本和视频等数据进行采集和加工。

②编辑整合:应按照多媒体教材制作稿本的要求,通过工具软件,将文、图、声、像等媒体素材,整合于计算机多媒体系统中,赋予各种交互、导航和控制功能,使之成为一部完整的多媒体教材。

5.3.7 编写完成稿本和使用手册

应在多媒体教材制作完成后,根据教材制作过程中的实际情况,修改、完善文字稿本，形成多媒体教材完成稿本，并编写多媒体教材使用手册。使用手册内容主要包括编写目的、使用对象、内容简介、主要功能、教材特色、术语和缩略语、安全保密要求和编制单位、联系方式、硬件和软件环境要求与安装过程说明，以及用户级命令的功能和用法等。

5.4 测试与试用

5.4.1 教材内容

教材内容无政治性、科学性错误，各媒体素材无侵权行为，教材使用说明书、资料和文件要齐全。

5.4.2 技术功能

能实现预先设定的各种功能，达到预期效果，装机运行后，各媒体素材能正确呈现，满足最低配置的运行环境，能跨机种、跨环境正常运行，存储介质标签应正确标记，存储介质无病毒等。

5.4.3 页面要求

页面文字、图片、色彩应风格统一，页面的图片显示正常、无变形，弹出页面的效果、页面的链接正确，页面大小符合多媒体教材设计要求。

6 网络课程

6.1 技术要求

6.1.1 导航设计

6.1.1.1 结构说明

以目录索引表的方式列出以下内容：教学单元、教学活动、学习时数、学习进度和学习方法等，并指明受训对象所处的知识层次和位置，让受训对象理解课程和信息结构，直接到达所需要的学习页面。

6.1.1.2 目录导航

采用目录树等方式将课程内容的体系结构按照层次关系呈现，网页间的联系要便于学习者对知识结构的掌握。

6.1.1.3 直接导航

对一些重要的导航点，在主界面提供链接的超链接导航。

6.1.1.4 历史轨迹导航

记录学习者所访问的历史路径，学习者可随时快速跳转到以前浏览过的页面。

6.1.1.5 地图导航

设置导航图，以图形化的方式，表示出超文本网络的结构图，图中包含有超文本网络结构中的节点及各节点之间的联系。

6.1.1.6 检索导航

提供一套检索方法供用户查询，通常是查询控制节点或索引节点，可以利用关键词、标题、时间顺序或知识树等多种方式设置。

6.1.1.7 帮助导航

提供一种演示方式指导学习，把系统中的节点按需求向学习者演示，以供学习者模仿。

6.1.1.8 书签导航

用户在浏览过程中，可任意设置书签，需要时可快速回到设置书签的节点。

6.1.1.9 演示控制

对于声音、动画、视频、课件等资源，应提供"播放""暂停""停止""开始""复位"及任意拖动位置播放等功能，定位要清晰。

6.1.2 界面设计

6.1.2.1 页眉

页眉位于页面上端部分，包括课程名称、课程标识、课程标题等。页眉的风格宜与页面的整体风格相一致，能体现课程的特色、内容及其内在的文化内涵和理念。课程标识一般设在主页的显要位置，二级页面的页眉位置。

6.1.2.2 页脚

页脚在页面的底端部分，用来标注网络课程的制作者、制作单位、版权信息、版本、制作时间、最后更新时间和联系方式等信息。

6.1.2.3 主要内容

界面主要元素的设计,宜采用从左到右、从上到下的顺序排列。

6.1.2.4 页面

分辨率应在 1 024×768 以上。每门课程的页面应保持统一的风格和操作界面。页面长度不超过 3 屏,宽度不超过 1 屏。连续页面应采用分页显示,设置"首页""前一页""后一页""末页"或者查找"第几页"等功能;对内容很多并需要一次显示的页面,应提供页面内的书签链接。

6.1.3 素材类型

6.1.3.1 文本素材

文本素材表述应简明扼要,遵循通用的语言文字规范,字体宜使用系统自带字体,确属需要特殊字体,需制作成图像。每页文字数量及字体大小以清晰、美观为标准,字体颜色与背景色区别明显。同页面内文字与其他媒体的关系应在视觉上主次有序,布局得当,层次鲜明,行文格式应符合国家和军队的标准规范。学科专有的符号应遵循各学科的规范用法,除特殊用途外,不得采用繁体字、异体字。

6.1.3.2 图形(图像)素材

图形(图像)画面应清晰、美观,色彩和谐。彩色图像的颜色数不低于 32 位色数,图像的灰度不低于 128 级,扫描的图像分辨率不低于 150 dpi,并提供原图下载功能。

6.1.3.3 音频素材

音频应真实、准确、清晰、流畅。采样频率不低于 22 kHz,量化位数至少为 8 位,声道数建议以双声道为主。使用的语音采用标准的普通话(英语及民族语言版本除外),英语应使用标准美式英语。

6.1.3.4 视频素材

视频应采用 PAL 制,网络版教材标准不低于 320×240 的分辨率,音频与视频有良好的同步。

6.1.3.5 动画素材

动画应在造型、色彩、动作节奏等方面体现模拟对象的真实性。

6.1.4 属性描述

在发布网络课程时应提供的属性标注如下:

①学科和专业代码：按国家和军队颁布的标准标注。

②课程编码：按所属专业中的入库序号标注（可由网站管理员标注）。

③课程名称：网络课程的名称。

④适用对象：课程适用的学习对象。

⑤信息量：课程的总数据量。

⑥图像数：课程内容中所包含图形（图像）的数量。

⑦音频数：课程内容中所包含音频文件的数量。

⑧视频数：课程内容中所包含视频文件的数量。

⑨动画数：课程内容中所包含动画文件的数量。

⑩页面数：课程内容中 Web 页面的数量。

⑪运行环境：课程所需的运行环境。

⑫版本号：课程发布的版本号。

⑬入库时间：纳入课程资源库的时间。

⑭关键词：反映（体现）课程内容的关键词语。

⑮开发单位：开发课程的单位。

⑯开发人员：参与课程开发的人员。

⑰内容简介：课程内容的简要介绍。

⑱密级：课程的涉密级别。

6.1.5 技术环境

6.1.5.1 系统平台

系统平台包括网络协议、操作系统、数据库平台与软件、音视频播放软件等。网络协议应采用 TCP/IP 协议，操作系统建议采用 Windows，数据库软件建议采用 MS SQL Server2008 以上版本，其他采用主流的系统软件。数据库的结构与设计参照国家和军队相关规范执行。

6.1.5.2 开发环境

图形设计、动画设计、视频编辑、音频编辑、网页设计、编程环境和系统集成工具等开发环境，宜使用主流常用的开发工具软件。

6.1.5.3 运行环境

运行环境宜在中文 Windows7 以上运行。Web 服务器宜采用 Internet

Information Server 7.5 以上，浏览器宜采用 Internet Explorer 7.0 以上，宜安装 Net Frame – work 。运行中需借助插件浏览时，应提供该插件的下载功能。

6.1.6 交互性与智能性

网络课程的交互功能主要体现在教师、学习者和教学平台三者之间的多向交流，包括设计学习者与教师之间、学习者与学习者之间、学习者与教学平台之间及教师与教学平台之间 4 种交互形式。

网络课程应具备一定的智能性，能自动记录学习过程、学习进度，能根据学习者的学习内容、进度和自测等情况给出相应的学习指导。建议设计对相关知识点的自动解释功能。

6.1.7 安全性与可靠性

提供基于用户身份认证的课程准入管理；网络课程内容必须符合国家和军队有关安全保密的规定。

网络课程应正常可靠运行，能可靠启动与退出，各功能按钮正常工作，没有链接中断或错误，没有明显的技术故障；课程运行时应具有一定的容错能力，数据不得丢失。

6.1.8 扩展性

网络课程开发完成后，在使用的基础上，应能随时增加新的知识、新的内容，使网络课程成为一个能够不断完善、不断跟踪最新发展的课程。其具体要求如下：

①课程在编制过程中，应当留出一定的接口，便于扩展。

②课程的内容应能方便扩充，便于课程的发展对知识的更新要求。

6.2 开发流程

6.2.1 教学设计

6.2.1.1 教学内容设计

将网络课程所表达的知识内容，按照网络教学环境需要和网络课程教学目标进行分解、重组，使教学内容更适宜网络课程和形式表达。教学内容设计分三步进行：

①编制训练大纲和课程标准，设计内容结构。
②确定教学重点，进行知识分解。
③按照知识性质，明确媒体组合。

6.2.1.2　教学环境和教学活动设计

建立与网络课程学习直接有关的练习题、答疑系统、课程学习讨论系统和考试作业系统等，并根据课程内容设计教学活动，如实时讲座、实时非实时答疑、分组讨论、布置作业、作业讲评、协作解决问题、探索解决问题等。

6.2.2　系统设计

6.2.2.1　导航系统设计

给学员学习网络课程提供指南，主要由网络课程简介和学习导航两部分组成。

6.2.2.2　交互模块设计

为发挥学员在学习过程中的主观能动性，设计通过讨论和交流，进行交互学习方式。

6.2.2.3　教学管理模块设计

包括考试管理、用户信息管理、课程资源信息管理和学员追踪评价等。

6.2.3　网络课程制作

6.2.3.1　素材制作

包括文本编写、图形制作、音频采集、视频采集和动画制作等。

6.2.3.2　编辑整合

根据网络课程脚本要求，提供多种类型媒体播放使用环境，并完成虚拟教室、教学环境、教学评价模块和教学资源管理模块的搭建及集成。

6.2.3.3　测试修改

按照网络课程教学设计和制作脚本的要求，测试网络课程是否达到预期目标，测试网络课程的可靠性、稳定性等技术指标。测试步骤为：

①由网络技术开发人员测试网络课程和各种功能实现情况。
②由任课教员测试网络课程教学内容的科学性、完整性、关联性和正

确性。

③由模拟用户进行模拟学习操作,检验网络课程教学设计的科学性、教学环境的可用性、学习功能的完整性,以及客户浏览器各种插件的运行情况是否正常等。

④测试完毕后,制作人员要根据测试情况,进行相应的修改。

6.2.3.4 质量评估与发布

依据网络课程质量综合评价标准,对网络课程质量进行综合评定,按合格、不合格两个级别划分。将网络课程和程序、运行组件成功发布到网络服务器并在相关主页上设置链接;将音视频和网络课件等资源上传至有关资源库。提交网络课程的全部源程序和网络课程开发文档。

6.2.3.5 编写使用手册

内容主要包括编写目的、使用对象、内容简介、主要功能、教材特色、术语和缩略语、安全保密要求和编制单位、联系方式等,硬件和软件环境要求与安装过程说明,以及用户级命令的功能和用法等。

6.3 课程内容组成

6.3.1 课程信息与课程内容

6.3.1.1 课程信息

为网络课程提供基本信息,包括课程标准(教学大纲)、教学要求、内容简介、重点难点、采用教材与参考资料、教员信息等内容,应以文本形式在课程首页显示。

6.3.1.2 课程内容

应依据课程标准要求,构建以知识点为学习单元进行组织、以多媒体形式体现、基于网络运行的整门课程的教学内容。根据不同的教学活动需求,应设计电子教材、电子教案和讲授教材3种基本内容。基本要求如下:

①课程内容应具有科学性、系统性和先进性,表达形式符合国家和军队的有关标准规范,符合课程的内在逻辑体系和学习者的认知规律。

②课程内容的组织应体现老师的教学设计思想,采用模块化的组织方法,模块的划分应具有相对独立性,基本以知识点或教学单元为依据。

③每个教学单元应具有学习目标、教学内容、练习题、测试题、参考的教学资源、课时安排、学习进度和学习方法说明等内容。

④课程内容的表现应采用多媒体技术,包括文本、图形、图像、动画、音视频等多种形式。

⑤讲授教材至少应有教员讲解的语音,同步配合相关的讲解内容。常用的呈现模式是在网页和左上角为视频,一般是教员讲解的录像或插播的视频片断,左下方为对应的知识点标题,右侧是与左边音视频内容同步变化的电子教案。

⑥应建立相关知识点之间的链接,在疑难关键知识点上应提供多种形式和多种层次的学习内容,根据不同的学习层次设置不同的知识单元体系结构。课程内容中的重要名词、概念、符号、人名、定理和定律等应与相关的背景资料链接。采用恰当的教学策略,媒体呈现应符合认知规律,教学方法应灵活得当、启发性强。

6.3.2 教学实践与相关资源

6.3.2.1 教学实践

对具有实践性教学环节的课程,应提供实践性环节教学的要求、方法和指导书,视条件建立网上虚拟实验或模拟仿真的相应环境,并提供实验演示与操作。

6.3.2.2 相关资源

相关资源包含与教学内容相关或者拓展教学内容和各种实验、课件、教案和资料等,如各种媒体素材、教材、论文、标准或网站等。每个教学单元都需要围绕本单元知识点配置一定数量的相关资源。

6.3.3 交流协作与学习评价

6.3.3.1 交流协作

咨询指导、讨论交流和答疑解惑等交流协作功能,宜采用 Email、BBS、Chat-Room、FTP、Blog 等交流手段与方法。

6.3.3.2 学习评价

包括自我评价与教师评价两方面功能。自我评价主要通过练习测评、单元测验等方式进行。教师评价主要通过作业、批阅、考试、测验和问题分析统计等方式进行。

6.3.4 学习工具及其他功能

学习工具应提供检索查询、学习记录、书签、电子笔记本、词典等功能。并提供能体现课程特色的教学资源，如素材库、教材题库、想定和案例库、常见问题库等自定义功能模块。

6.4 测试与试用

6.4.1 课程内容

课程内容无政治性、科学性错误，各媒体素材无侵权行为，课程资料和文件齐全。

6.4.2 技术功能

能够实现预告设定的各种功能，达到预期效果；各媒体素材能正确呈现，满足最低配置的运行环境，存储介质标签正确标记，存储介质上无病毒等。

6.4.3 页面要求

页面文字、图片、色彩应风格统一，页面的图片显示正常、无变形，页面的链接正确，页面大小符合网页设计要求。

第三篇　装备类军事职业教育教材编写规范附录

附录 A
（规范性附录）
文后参考文献著录格式

A.1 导言

本附录根据国家质量监督检验检疫总局和中国标准化管委会发布的 GB/T 7714—2015《文后参考文献著录规则》，给出了以下专供著者和编辑用于著录文后参考文献的格式标准。

A.2 连续出版物

［序号］主要责任者．文献题名［J］．刊名，出版年份，卷号（期号）：起止页码．

［1］袁庆龙，候文义．Ni－P合金镀层组织形貌及显示微硬度研究［J］．太原理工大学学报，2001，32（1）：51－53．

A.3 专著

［序号］主要责任者．文献题名［M］．出版地：出版者，出版年：页码．

［3］刘国钧，郑如斯．中国书的故事［M］．北京：中国青年出版社，1979：115．

A.4 会议论文集

［序号］析出表责任者．析出题名［C］//主编．论文集名．（供选择

项：会议名，会址，开会年）出版地：出版者，出版年：起止页码．

[6] 孙品一．高校学报编辑工作现代化特征［C］//中国高等学校自然科学学报研究会．科技编辑学论文集（2）．北京：北京师范大学出版社，1998：10-22.

A.5 专著中析出的文献

［序号］析出责任者．析出题名［M］//专著责任者．书名．出版地：出版者，出版年：起止页码．

[12] 罗云．安全科学理论体系的发展及趋势探讨［M］//白春华，何学秋，吴宗之．21世纪安全科学与技术的发展趋势．北京：科学出版社，2000：1-5.

A.6 学位论文

［序号］主要责任者．文献题名［D］．保存地：保存单位，年份．

[7] 张和生．地质力学系统理论［D］．太原：太原理工大学，1998．

A.7 报告

［序号］主要责任者．文献题名［R］．报告地：报告会主办单位，年份．

[9] 冯西桥．核反应堆压力容器的LBB分析［R］．北京：清华大学核能技术设计研究院，1997．

A.8 专利文献

［序号］专利所有者．专利题名［P］．专利国别：专利号，发布日期．

[11] 姜锡洲．一种温热外敷药制备方案［P］．中国专利：881056078，1987-08-12．

A.9 国际、国家标准

［序号］标准代号．标准名称［S］．出版地：出版者，出版年．

［1］ GB/T 16159—1996.汉语拼音正词法基本规则［S］.北京：中国标准出版社，1996.

A.10　报纸文章

［序号］主要责任者.文献题名［N］.报纸名，出版年－月－日（版次）.

［13］谢希德.创造学习的思路［N］.人民日报，1998－12－25（10）.

A.11　电子文献

［序号］主要责任者.电子文献题名［文献类型/载体类型］.：电子文献的出版或可获得地址（电子文献地址用文字表述），发表或更新日期/引用日期（任选）.

［21］姚伯元.毕业设计（论文）规范化管理与培养学生综合素质［EB/OL］.：中国高等教育网教学研究，2005－02－02.

附录 B
（规范性附录）
封面格式

封面格式如图 B-1 及图 B-2 所示。

由出版社出版的教材，"出版单位"可采用出版社的社标。

其他开本教材的封面、主书名页的格式应比照执行。

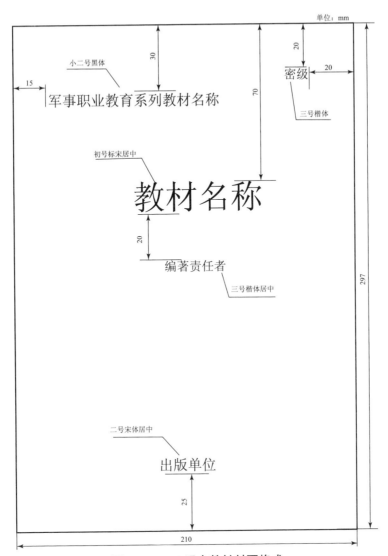

图 B-1　A4 开本教材封面格式

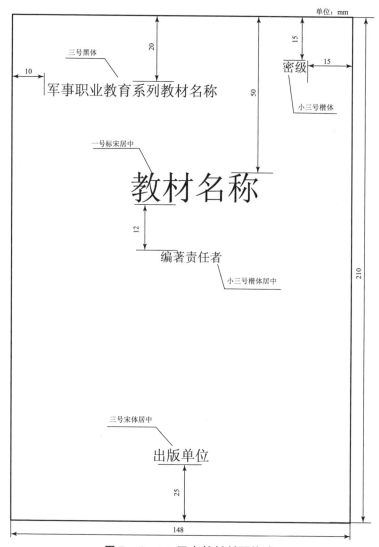

图 B-2　A5 开本教材封面格式

附录 C
（资料性附录）
标点符号的用法和计量单位的使用

C.1 标点符号的用法

C.1.1 基本规则

1）标点符号是辅助文字记录语言的符号，是书面语的有机组成部分，用来表示停顿、语气及词语的性质和作用。

2）常用的标点符号有16种，分点号和标号两大类。

点号的作用在于点断，主要表示说话时的停顿和语气。点号又分为句末点号和句内点号。句末点号用在句末，有句号、问号、叹号3种，表示句末停顿，同时表示句子的语气。句内点号用在句内，有逗号、顿号、分号、冒号4种，表示句内的各种不同性质的停顿。

标号的作用在于标明，主要标明语句的性质和作用。常用的标号有9种，即：引号、括号、破折号、省略号、着重号、连接号、间隔号、书名号和专名号。

C.1.2 用法说明

1）句号。句号的形式为"。"。

句号还有一种形式，即一个小圆点"．"，一般在科技文献中使用。句号主要用于下述两种场合：

（1）陈述句末尾的停顿。

示例：为使制版取得较好的效果，图稿在制版时一律不放大，只能缩小。

(2) 语气舒缓的祈使句末尾，也可用句号。

示例：请您稍等一下。

2）问号。问号的形式为"？"。疑问句或反问句末尾的停顿，用问号。

3）叹号。叹号的形式为"！"。感叹句末尾的停顿，用叹号。语气强烈的祈使句和反问句末尾也用叹号。

4）逗号。逗号的形式为"，"，主要用于下述四种场合：

(1) 句子内部主语与谓语之间如需停顿，用逗号。

示例：我们看得见的星星，绝大多数是恒星。

(2) 句子内部动词与宾语之间如需停顿，用逗号。

示例：应该看到，科学需要一个人贡献出毕生的精力。

(3) 句子内部状语后边如需停顿，用逗号。

示例：对于这个城市，他并不陌生。

(4) 复句内各分句之间的停顿，除了有时要用分号外，都要用逗号。

示例：据说苏州园林有一百多处，我到过的不过十多处。

5）顿号。顿号的形式为"、"，主要用于表示句中并列的词之间的停顿。

示例1：正方形是四边相等、四角均为直角的四边形。

阿拉伯数字及外文的并列成分，一般不用顿号而用逗号分开。

示例2：额定电流分别为25，30，40，50kA；图中四点为A，B，C，D。

6）分号。分号的形式为"；"，主要用于下述两种场合：

(1) 表示复句内部并列分句之间的停顿。

示例：语言，人们用来抒情达意；文字，人们用来记言记事。

(2) 非并列关系（如转折关系、因果关系等）的多重复句，第一层的前后两部分之间，也用分号。

示例：用汽车或火车装运炮弹时，其弹药轴线一般应与车辆行驶方向垂直；但包装箱长度超过车厢宽的除外。

(3) 分行列举的各项之间，也可以用分号。

示例：

仪器的振动可能产生于：

1. 转动部分的不平衡；

2. 仪器座的轻微变形；

3. 滚动轴承的缺陷。

7）冒号。冒号的形式为"："，主要用于下述四种场合：

（1）用在称呼语后边，表示提起下文。

示例：同志们，朋友们：

现在开会了。……

（2）用在"说、证明、指出、例如、如下"等词语后边，用于提起下文。

（3）用在总说性话语之后，表示引起下文的分说。

（4）用在需要解释的词语之后，表示引出解释或说明。

8）引号。引号的形式有双引号"""和单引号"''"。引号中再用引号时，双引号在外，单引号在内。引号主要用于下述三种场合：

（1）用于行文中直接引用的话。

示例：英国李约瑟博士说："中国文明在科学技术史中，曾起过从来没有被认识到的巨大作用。"

引文末尾标点的处理：凡是把引用的话独立来用，末尾的标点放在引号的里边；凡是把引用的话作为编者自己的话的一部分，引文末尾不用标点。

（2）需要着重论述的对象。

示例："满招损，谦受益"这句格言，流传到今天至少有两千年了。

（3）用于特殊含义的词语。

示例：忽视了对装备的保养，却说是为了"节约"。

9）括号。常用的形式是圆括号"（）"。此外还有方括号"［］"、六角括号"〔〕"和方头括号"【】"三种形式。主要用于表示文中注释性的文字。括号里的话如果是注释句子里某些词语的，括号要紧贴在被注释的词语之后；括号里的话如果是注释整个句子的，括号要放在句末的标点之后，且括号外不加标点。

10)破折号。破折号的形式为"——",亦称二字线,占两个字位。用于如下场合:

(1)表示后面是解释说明的语句。

示例:北京——我国的首都。

(2)表示同义词。

示例:用乙醇——酒精消毒。

(3)表示意思的转变跃进。

示例:团结——批评和自我批评——团结。

(4)公式中物理量符号的解释。

示例:式中 I_1 ——定子电流。

(5)表示事项的列举分支。

示例:

根据研究对象的不同,环境物理学分为如下五个分支学科:

——环境声学;

——环境光学;

——环境热学;

——环境电磁学;

——环境空气动力学。

11)省略号。省略号的形式为"……",用六个小圆点,占两个字位。如果整段文章或诗行的省略,可以使用十二个小圆点来表示。主要用于引文的省略或列举的省略。

示例1:并列叙述条文的编号 a,b,c,……均应左起空两个字位书写,在编号的圆点之后空1个字位再写具体内容。

在公式、数字序列中,省略号只用三个圆点表示,占一个字位。

示例2:x^1,x^2,…,x^n,…是一个数列。

12)着重号。着重号的形式为".",用于标明要求读者特别注意的字、词、句。

示例:编者提交的图稿必须做到"三定",即定图数、定图形、定图中的字和符号。

13）连接号。连接号有四种形式，即一字线"—"、半字线"－"、浪纹线"~"和长横"——"（二字线）。

（1）一字线主要用于以下场合：

①表示相关时间、地点或数目等的起止。

示例1：天津—德州—广州直达快车

②两个相关的名词构成一个意义单位。

示例2：亚洲—太平洋地区

③化学键。

示例3：CH_3—CH_2—CHO

④表示产品型号。

示例4：TPC—4海底光缆

⑤表示几个相关项目的递进发展。

示例5：人类的发展可以分为古猿—猿人—古人—新人这四个阶段。

（2）半字线又称连字符，书写时不占格，主要用于以下场合：

①序号及图注中的横短线。

示例1：表2－1，图3－4，1－炮闩

②用于角度的密位横线。

示例2：15－00，02－25（分别表示1 500密位和225密位）

③零件号中的横短线。

示例3：10－32

④外文书写转行时采用的横短线。

（3）浪纹线又称范围号，主要用来连接相关的数字，表示其区间范围。

示例：50 cm~75 cm，17 ℃~19 ℃

（4）长横只在个别情况下作为连接号使用。

示例："北京——广州"直达快车

14）间隔号。间隔号的形式为"·"，主要用于以下场合：

（1）标示月份和日期之间的分界。

示例：庆祝十·一

（2）标示外国人或某些少数民族人名内各部分的分界。

示例：阿沛·阿旺晋美

(3) 标示书名和篇名之间的分界。

示例：墨经·经上

15）书名号。书名号的形式分为双书名号"《》"和单书名号"< >"，用于标示书名、篇名和报刊名。书名号内再用书名号时，双书名号（《》）在外，单书名号（< >）在内。

16）专名号。专名号的形式为"＿"。人名、地名、朝代名等专名下面，用专名号标示。专名号只用在古籍或某些文史著作里面。

C.2　计量单位的使用

C.2.1　法定计量单位

1）中华人民共和国法定计量单位是以国际单位制单位为基础，同时选用了一些可与国际单位制单位并用的我国法定计量单位构成的。

2）根据《全面推行我国法定计量单位的意见》的规定，个别科学技术领域中，如有特殊需要，可以使用某些非法定计量单位。因此，在装备教材中，允许使用"密位"这一计量单位。密位用规定的书写形式表示：四位阿拉伯数字，中间用半字线隔开，其中第一位 0 可以省略。如：36－00，1－50，0－03 分别代表 3 600，150，3 密位。密位与国际单位制单位的关系是：

$$1\ 密位 = (2\pi/6\ 000)\ \text{rad}$$

C.2.2　单位名称

1）单位名称是单位的中文名称，如米、秒等。单位名称有全称和简称两种。在 GB3102 的单位名称一栏中，有方括号的单位名称，去掉括号中的字为简称；包括方括号中的字为全称。例如：瓦[特]，"瓦特"为全称，"瓦"为简称。

2）组合单位的单位名称与其单位符号表示顺序一致，符号中的乘号没有对应的名称，除号的对应名称为"每"字，无论分母中有几个单位，"每"字只出现一次。如线速度的单位符号是 m/s，其单位名称是"米每秒"，不是"每秒米"；比热容的单位符号是 J/(kg·K)，其单位名称是"焦耳每千克开尔文"，而不是"每千克开尔文焦耳"。

3）乘方形式的单位名称的顺序是指数名称在单位名称之前，指数名称由数字加"次方"组成，如截面二次矩的单位符号是 m^4，其名称为"四次方米"不是"米四次方"。

当长度的二次和三次幂表示面积和体积时，相应的指数名称为"平方"和"立方"，如"平方米""立方米"等。其他情况均应分别为"二次方"和"三次方"。

4）书写单位名称时，不加任何表示乘或除的符号或其他符号，如密度的单位符号是 kg/m^3，其单位名称是"千克每立方米"，而不是"千克/立方米"；电阻率的单位符号是 $\Omega \cdot m$，其名称为"欧姆米"，而不是"欧姆·米"。

C.2.3 单位符号

1）单位符号是指单位的国际符号，如 m（米）、s（秒）等。

由两个以上单位相乘所得到的符号，各符号间可用居中圆点（如电阻率单位符号 $\Omega \cdot m$），也可以不用。

由两个以上单位相除构成的组合单位，可用斜线表示相除（如 m/s），也可用负数幂形式（如 ms^{-1}）。当用斜线时，分子分母均与斜线处于同一行内。如果分母有两个以上单位符号，则需在分母上加括号，且组合单位中的斜线不得多于一条。如：比热容的单位符号是 $J/(kg \cdot K)$，而不是 $J/kg \cdot K$ 或 $J/kg/K$。

2）平面角的单位（度、分、秒）的符号，在组合单位中应采用（°）（′）（″）的形式。

3）非物理量单位可以用汉字与符号共同构成组合单位，如：人/m^2。

C.2.4 单位的中文符号

1）单位的中文符号是单位符号的中文表示。非组合单位的单位名称的简称，可作为这个单位的中文符号，如：米、千克、安等。

2）由两个或两个以上单位相乘所构成的组合单位，其中文符号形式为两个单位之间加居中圆点，如力矩或功的单位中文符号为牛·米。

单位相除构成的组合单位，其中文符号可采用米/秒或米·秒$^{-1}$等形式。

3）摄氏度的符号℃可作为中文符号使用。

C.2.5　单位的使用

1）单位在公式和图表及产品铭牌等需要简单明了的地方，一律采用法定单位符号，不得使用中文单位名称。单位符号也可用在文字叙述中。

单位名称一般只宜在叙述性文字和口语中使用，且在文字间不得夹杂单位符号（如"每 m 钢材"应为"每米钢材"）。

2）单位的中文符号只供小学或初中教材及普及书刊中作为符号使用。装备专业教材及科技教材中不宜采用。

C.2.6　单位符号的书写

1）单位符号一律用正体字母，一般为小写正体，若单位名称来源于人名，则其符号的第一个字母用大写正体。例如：长度单位"米"的符号是 m，而电流单位"安［培］"的符号是 A，压力单位"帕［斯卡］"的单位符号是 Pa。在大小写方面亦有极少数例外，如 L（升）。

2）条文中列有同一计量单位的一系列数值时，可仅在最后一个数字后面列出计量单位符号，例如：100，150，200，250 kg。

C.2.7　词头的名称和符号

1）词头用于构成倍数单位（十进倍数单位与分数单位），但不得单独使用。经常用的词头有 M（兆，10^6），k（千，10^3），d（分，10^{-1}），c（厘，10^{-2}），m（毫，10^{-3}），μ（微，10^{-6}）等。

2）词头符号与所紧接的单位符号应作为一个整体对待，它们共同组成一个新单位，并具有相同的幂次。例如：1 cm^3 = 10^{-6} m^3。

3）词头不得重叠使用。例如：mμm（毫微米）、$\mu\mu$F（微微法）都是错误的，应为 nm（纳米）、pF（皮法）。

4）词头符号的字母当其所表示的因数小于 10^6 时，一律用小写正体，如 k（10^3，千）；大于或等于 10^6 时用大写正体，如 M（10^6，兆）。

C.2.8　相互位置

单位符号与数值之间留半个阿拉伯数字的间隙，词头与其所紧接的单位符号之间不留间隙。

附录 D
（资料性附录）
外文字母、数字的使用和书写

D.1　外文字母的使用和书写

D.1.1　正、斜、黑体的使用场合

1）在下列情况下应使用正体：

（1）法定计量单位符号，无论是拉丁字母或希腊字母，一律用正体。如 A（安培）、m（米）等。

（2）单位词头，如 k（10^3，千）、m（10^{-3}，毫）、M（10^6，兆）等。

（3）数学公式中的运算符号和缩写号，如 Σ（连加号）、Π（连乘号）、d（微分符号）、max（最大）、lim（极限）、det（行列式）等。

（4）常数符号，如 e（自然对数的底）、π（圆周率）、const（常数）等。

（5）指数函数、对数函数、三角函数和双曲函数符号，如 expx（指数函数）、lnx（自然对数）、lgx（常用对数）、sinx（正弦函数）、sinhx（双曲正弦函数）等。

（6）特殊函数符号，如 Γ（x）（gamma 函数）、B（xy）（beta 函数）等。

（7）集合论符号，如 N（非负整数集）、Z（整数集）、Q（有理数集）、R（实数集）、C（复数集）等。

（8）复数，Im（虚部）、Re（实部）等。

（9）化学元素符号，如 C（碳）、N（氮）。

（10）国标、军标、部标的代表符号，如 GB。

（11）仪器、元件、设备、产品型号、试验编号、试样编号等，如 R（电阻器）、C（电容器）、D（二极管）等。

（12）外文的人名、书名、地名、机关名及名称缩写。

（13）硬度符号（如 HB、HRC）、公差配合符号、螺纹符号（如 M）、加工状态、表面状态和产品性能的代号。

（14）光谱线所用的字母、方位和经纬度等。

（15）表示顺序的字母，如附录 A、附录 B。

（16）计算机内存容量单位 K（1K 等于 1 024 字节）。

（17）物理量符号中为有别其他量而加的具有特定含义的下角标，如 E_k（动能，k：动的）、μr（相对磁导率，r：相对）。

2）在下列情况下应使用斜体：

（1）表示各种物理量符号，无论是拉丁或希腊字母，都必须用斜体。如时间 t、体积 V、角速度 ω、电阻 R、电容 C。

（2）用表示物理量的符号作下角标时，也用斜体。

（3）特征数符号，如 Re（雷诺数）、Fo（傅里叶数）、Pr（普朗特数）等。

（4）表示变量的符号，如 x、y 等。

（5）表示变量的下角标，如 x_i 中的 i。

（6）表示数学坐标图中的坐标轴 x，O，y 及坐标变量 x，y，z。

（7）用外文字母表示的几何量，如 ΔABC、$\angle AOC$、线段 AB、边长 a 等。

（8）一般函数及矩阵符号，如函数 $f(x)$ 和 df 中的 f 矩阵 A 等。

3）在下列情况下应使用黑体：

（1）矢量在印刷品中用黑斜体表示，手工书写时可在常体字母上加箭头表示。

（2）张量在印刷品中用黑斜体表示，手工书写时可在常体字母上加双箭头表示。

D.1.2 外文字母的书写

1）外文字母一律用仿印刷体（或工整的手写体）书写。大写字母的书写高度应与汉字高度相当；小写字母的字干占据格子的下半部，其高度应与半个汉字的高度相当；上下角字应压格书写，字应小些，位置要明确，或用黑铅笔以阶梯线标明。

2）对大小写易混的字母（如 C、K、L、O、P、S、U、V、X、Y、Z 等），需排大写时，用黑铅笔标明"英大"或在字母上部画一对勾，否则按小写字母处理。

与数字易混的英文字母，希腊文和英文间易混的字母，应注意书写清楚，并用黑铅笔在文稿上标明"英""希""数"等字样。

3）文稿中的外文字母，一般均按斜体排版，只要书写清楚，不必加注"斜体"字样。需要排正体时，用黑铅笔将字母圈起来，或用铅笔注明"白正体"或"黑正体"。

D.2 数字的使用和书写

D.2.1 数字的使用

1）要求使用阿拉伯数字的情况：

（1）公历的世纪、年、月、日和时刻用阿拉伯数字表示（如 20 世纪 90 年代、公元前 8 世纪、4 时 20 分等）。年份要用四位数（如 2002 年，不能简写为 02 年）。

（2）物理量量值必须用阿拉伯数字，并正确使用法定计量单位。如 87 km，150 kg，39 ℃ 等。

（3）一般情况下，非物理量也应使用阿拉伯数字。如 21.35 元、1 480 人、11 个月等。

（4）统计表中的数值，如正负数、小数、百分比、分数、比例等，必须使用阿拉伯数字。

2）要求使用汉字的情况：

（1）星期几一律用汉字（如星期六）。

（2）夏历和中国清代以前历史纪年用汉字（如正月初五、清咸丰八年十二月三日）。

（3）邻近的两个数字并列连用表示概数，必须使用汉字（如二三米、三五天、十之八九）。

（4）不是出现在一组表示科学计量和具有统计意义数字中的一位数（一、二、……九），可以用汉字（如一个人、三本书）。

（5）带有"几"字的数字表示约数，必须使用汉字。（如几千年、十几天、几十万分之一）。

（6）用"多""余""左右""上下""约"等表示的约数一般用汉字。有时为了保持局部体例上的一致，其约数也可使用阿拉伯数字。

D.2.2 数字的书写

1）数字的书写不必每格一个数码，一般两个数码占一格。

2）小于1的小数必须写出小数点前定位的0，小数点应用圆点，齐底线书写，并占半个阿拉伯数字位置（四分之一个汉字）。

小数点前或后有4位以上数字时，应从小数点起，向左或右每3个数，空半个数码位置，不用分位号"，"，例如，3 000，不写作3,000。但表示年份的四位数除外。

3）偏差范围按下列方式书写：

（1）20 ℃±2 ℃ 或（20±2）℃（不能写作20±2 ℃）。

（2）80 μF±2 μF 或（80±2）μF（不能写作80±2 μF）。

（3）20^{+1}_{-2} mm（上偏差注在基本尺寸的右上方，下偏差与基本尺寸在同一底线上）

$50^{+0.15}_{-0.10}$ mm（上下偏差小数点必须对齐，小数点后的位数相同）。

（4）$125^{+0.1}_{0}$ mm（有一偏差为零，用数字"0"标出，并与另一偏差的小数点前的个位数对齐，且不加"＋""－"号）。

（5）（65±2）%（不能写作65±2%）。

（6）230×（1±5%）V（不宜写作230 V±5%）。

4）参数范围按下列方式书写：

（1）63%～68%（不能写作63～68%）。

（2）$2×10^3$～$3×10^3$（不能写作2～$3×10^3$）。

（3）17 ℃～23 ℃（不能写作17～23 ℃）。

（4）－17 ℃～＋23 ℃（不能写作－17 ℃～23 ℃）。

（5）15 kg～20 kg（不能写作15～20 kg）。

（6）7°~9°10′（不能写作 7~9°10′）。

5）附带尺寸单位的数字相乘按下列方式书写：

外形尺寸 l×b×h，mm：400×200×300 或 400 mm×200 mm×300 mm（不能写作 400×200×300 mm）。

附录 E
（资料性附录）
装备类军事职业教育教材编审、报批文件格式

E.1 编审、报批文件包括：编写任务书、送审稿评审意见表和报批书。文件由军兵种装备主管部门（或由其指定的）教材编审机构印制。

E.2 编写任务书格式见图 E-1，送审稿评审意见表格式见图 E-2，报批书格式见图 E-3。

装备类军事职业教育教材
编 写 任 务 书

教材名称＿＿＿＿＿＿＿＿＿＿＿＿＿＿

教材密级＿＿＿＿＿＿＿＿＿＿＿＿＿＿

完成日期＿＿＿＿＿＿＿＿＿＿＿＿＿＿

主编单位＿＿＿＿＿＿＿＿＿＿＿＿＿＿

主管单位＿＿＿＿＿＿＿＿＿＿＿＿＿＿

年　　月　　日

图 E-1　编写任务书

填 写 说 明

一、第 1~6 项由编写组与主管单位协商后填写。

二、第 7 项由主管单位与主编单位协商后,由双方承办人共同填写。

三、填写文字应简练、准确、工整。

图 E-1 编写任务书(续)

1. 任务来源

2. 编写该教材的目的、意义

图 E-1 编写任务书（续）

3. 主要内容和特色

图 E-1 编写任务书（续）

4. 编写进度

（1）熟悉内容、收集资料、调查研究的时间

（2）制订编写大纲的时间

（3）完成试稿的时间

（4）完成征求意见稿和编写说明的时间

（5）完成送审稿的时间

（6）完成报批稿的时间

图 E-1　编写任务书（续）

5. 编写经费及使用安排
6. 编写组主编及成员名单（姓名、职务、技术职称）

图 E-1　编写任务书（续）

7. 双方责权协议

（1）本教材由＿＿＿＿＿＿＿＿＿＿＿＿＿＿＿＿（单位）负责编写。在编写过程中，编写人员应按照《装备类军事职业教育教材编写出版规范》中规定的各项要求，在规定时间内完成送审稿。

（2）军兵种装备主管部门负责组织教材的编辑加工、审定和报批。审定教材的专家可由编写单位推荐。

（3）军兵种装备主管部门领导教材的编审、出版、管理工作，并提供教材的编写、印刷、出版经费。教材的版权归军兵种装备主管部门所有，可在全军装备系统共享使用。

主管单位承办人（签章）　　　　　　主编单位负责人（签章）

年　　月　　日　　　　　　　　　　年　　月　　日

图 E-1　编写任务书（续）

装备类军事职业教育教材送审稿
评 审 意 见 表

教材名称＿＿＿＿＿＿＿＿＿＿＿＿

评审人姓名＿＿＿＿＿＿＿＿＿＿＿＿

职　　务＿＿＿＿＿＿＿＿＿＿＿＿

职　　称＿＿＿＿＿＿＿＿＿＿＿＿

单　　位＿＿＿＿＿＿＿＿＿＿＿＿

年　　月　　日

图 E-2　送审稿评审意见表

填 写 说 明

一、评审人审阅书稿后,将发现的各种问题,包括内容、文字图表及执行标准和规定中存在的问题,在送审稿上用红笔加以批注。

二、在此基础上,按要求填写《评审意见表》。经评审人签名,单位盖章后,寄回送审单位。

图 E-2 送审稿评审意见表(续)

1. 该书内容是否符合我军装备工作实际；是否适应使用对象的需要和水平；是否体现学用一致、理论与实际结合的原则；对训练和教学用的教材，其内容深广度是否满足课程实施方案或训练大纲的要求，字数是否控制在每讲授学时 3 500～5 000 字范围以内。

2. 该书内容是否正确、系统完整，原理、定义、概念是否准确、清晰，公式、数据、图表是否严谨、可靠，插图设计是否合理，文图配合是否协调一致。

图 E-2　送审稿评审意见表（续）

3. 该书取材是否先进，是否与我军装备工作的发展水平相适应；在理论阐述上有无新的观点，在工作方法和技术上有无新的经验；内容编排体系有无创新。

4. 该书所用术语、符号是否符合国家和军队的现行标准和规定，计量单位使用是否正确，名词、术语、符号全书是否一致，插图绘制是否符合国家现行标准。

图 E-2　送审稿评审意见表（续）

5. 该书文字叙述是否准确、简练、流畅，标点符号的使用是否符合规范要求。

6. 对该书的总体评价如何，哪些部分应予肯定，存在的主要问题和进一步修改的意见，是否通过审定、报批（"同意报批""原则通过审定，待修改后报批""不予通过，待修改后再次审定"）。

评审人（签名）＿＿＿＿＿＿＿＿　　　单位（盖章）＿＿＿＿＿＿＿＿

图 E-2　送审稿评审意见表（续）

装备类军事职业教育教材报批书

教材名称_____

教材密级_____

主编单位_____

主管单位_____

报批日期_____

年　　月　　日

图 E-3　报批书

填 写 说 明

一、第 1~3 项由主编单位和编者在完成报批稿时填写。

二、第 4、5 项在审定期间填写。

三、第 6 项在报批前填写。

四、第 7 项在报批时填写。

图 E-3 报批书（续）

1. 任务来源与意义

图 E-3 报批书（续）

2. 主编及编写组成员名单（姓名、职务、技术职称）

3. 主编单位意见

（签名、盖章）

年　月　日

图 E-3　报批书（续）

4. 审定意见和结论

审定负责人（签名）

年　月　日

（如此页不够，可另附纸）

图 E-3　报批书（续）

5. 参加审定人员

序号	姓名	单位	职务	职称	签名

图 E-3 报批书（续）

6. 编审机构审核意见

（盖章）

年　月　日

7. 主管部门意见

（盖章）

年　月　日

图 E-3　报批书（续）

附录 F
（资料性附录）
校对符号及其用法

表 F-1 为国家标准 GB/T 14706—93 规定的校对各种排版校样的专用符号及其用法。在使用此标准时，要注意以下使用要求：

（1）校对校样，必须用色笔（墨水笔、圆珠笔等）书写校对符号和示意改正的字符，不能用铅笔书写。

（2）校样上改正的字符要书写清楚。校改外文，要用印刷体。

（3）校样中的校对引线要从行间画出。墨色相同的校对引线不可交叉。

表 F-1 校对符号及其用法示例

序号	符号	符号作用	用法示例	说明
1		改正		改正的字符较多，圈起来有困难时，可用线在页边画清改正的范围 必须更换的损、坏、污字也用改正符号画出
2		删除		

续表

序号	符号	符号作用	用法示例	说明
3		增补	要搞好校工作。对	增补的字符较多,圈起来有困难时,可用线在页边画清增补的范围
4		改正上下角	16=42 H_2SO_4 尼古拉·费欣 0.25+0.25=0.5 举例:2×5=5 X:Y=1:2	
5		转正	字符颠倒要转正。	
6		对调	认真经验总结。 认真总结经验。	用于相邻的字词 用于隔开的字词
7		接排	要重视校对工作, 提高出版物质量。	
8		另起段	完成了任务。明年……	
9		转移	校对工作,提高出版物质量要重视。 "以上引文均见中文新版《列宁全集》。 编者 年 月 …… 各位编委人	用于行间附近的转移 用于相邻行首末衔接字符的推移 用于相邻页首末衔接行段的推移
10	或	上下移	序号 名称 数量 01 ××× 2 　　　　　1	字符上移到缺口左右水平线处 字符下移到箭头所指的短线处

续表

序号	符号	符号作用	用法示例	说明
11	⊢―⊣ 或 ⌐⌐	左右移	⊢― 要重视校对工作,提高出版物质量。 3 4 ⑤ 6 5 欢呼 歌 唱	字符左移到箭头所指的短线处 字符左移到缺口上下垂直线处 符号画得太小时,要在页边重标
12	‖ ‖	排齐	校对工作⫯常重要 必须提高印刷‖质量,缩短印制周‖期。 国‖家‖标‖准	
13	⌐⌐	排阶梯形	RH₂ ⌐⌐⌐	
14	↑	正图		符号横线表示水平位置,竖线表示垂直位置,箭头表示上方
15	∨ ＞	加大空距	⊢―一、校对程序―⊣ 校对胶印读物、影印书刊的注意事项:	表示在一定范围内适当加大空距 横式文字画在字头行头之间
16	∧ ＜	减小空距	∧ 二、校对程 序 校对胶印读物、影印书刊的注意事项:	表示不空或在一定范围内适当减小空距 横式文字画在字头和行头之间

续表

序号	符号	符号作用	用法示例	说明
17	♯ ♯ ♯ ♯	空1距 空1/2字距 空1/3字距 空1/4字距	第一章校对职责和方法 1.责任校对	多个空距相同的,可用引线连出,只标示一个符号
18	Y	分开	Goodmorning!	用于外文
19	△	保留	认真搞好校对工作。	除在原删除的字符下画△外并在原删除符号上画两竖线
20	○= △=	代替	○色的程度不同,从淡○色到深○色具有多种层次,如天○色、湖○色、海○色、宝○色 ○=蓝	同页内有两个或多个相同的字符需要改正的,可用符号代替,并在页边注明
21	○○○	说明	第一章 校对的职责 改黑体	说明或指令性文字不要圈起来,在其字下画圈,表示不作为改正的文字。如说明文字较多时,可在首末各三字下画圈

附录 G
（资料性附录）
装备挂图边框尺寸及图字

竖幅边框尺寸示意图如图 G-1 所示。

横幅边框尺寸示意图如图 G-2 所示。

装备挂图的图字内容及字体字号的规定如表 G-1 所示。

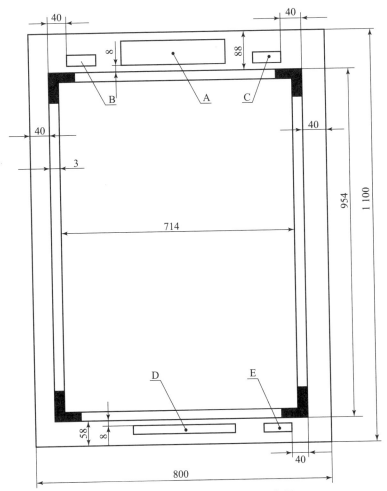

图 G-1 挂图竖幅边框尺寸示意图

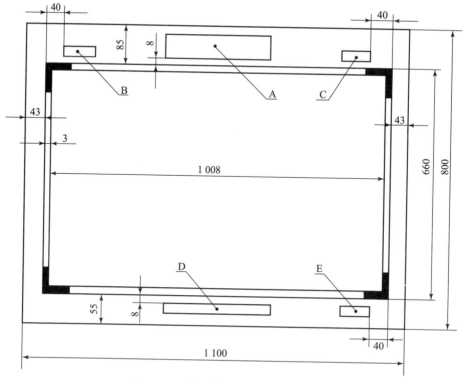

图 G-2 挂图横幅边框尺寸示意图

表 G-1 装备挂图图字内容及字体字号的规定

图字内容	字体、字号	位置	说明
图名 (本图名称)	字高40 mm 黑体	A区	字间间隔:2个字160 mm,3个字60 mm,4个字40 mm,5~8个字20 mm,9个字以上16 mm;图名字数较多需排成两行时,其字号应相应缩小,字间间隔也应酌情调整
装备名称	一号宋体	B区	
挂图总张数 本图序号	一号宋体	C区	"第×张""共×张"以阿拉伯数字表示
颁发单位	一号宋体	D区	
出版日期	一号宋体	E区	以阿拉伯数字表示

续表

图字内容	字体、字号	位置	说明
说明文字的标题	一号楷体	文字说明	全貌图应说明装备的用途、大部组成、主要战术技术性能及特点等； 部件图应说明部件用途、组成； 动作原理图应说明动作传动过程（工作原理）
说明文字	二号或三号楷体		
零件名称件号	二号仿宋体	零部件周围	全貌图应标注各大部件名称； 部件图和动作原理图应标注各零件名称，必要时可标出某些部位名称； 重复出现的同一零件，其名称、件号在同一张图上只标注一次； 多件数的零件或部件，其名称、件号只标注一个，后面加注件数"（×件）"字样
附图、局部放大图名	二号黑体		
附图、局部放大图中零件名称	三号仿宋		
零件上部位的名称	二号仿宋，用圆括号括上		

附录 H
（资料性附录）
图像复制用校对符号

表 H-1 为国家标准 GB/T 14707—93 规定的图像复制用校对符号。此标准适用于委印者与承印者之间，以及印刷、制版企业内部对图像修改表示具体要求的统一说明。在使用此标准时，要注意以下使用要求及校对符号的画法：

（1）对图像要求修改之处涉及图像整体时，应将校对符号画在校样的图片下部。

（2）对图像要求局部修改时，应将修改的部位用笔圈起来，把校对符号画进去。若空间不够用，可在校样的空白边缘画出，用引线与其连接，引线不可交叉。

（3）画校对符号应使用红色笔，必要时应使用区别于校样颜色的色笔。

表 H-1　图像复制用校对符号

编号	符号	作用	说明
1	＋	加深	表示按照要求的数值加深色调
2	∵	减浅	表示按照要求的数值减浅或提亮
3	⌒	柔和些	表示图像色调要柔和
4	∧	硬些	表示图像色调加大反差或对比度

续表

编号	符号	作用	说明
5	∼	平衡色调	表示通过加深或减浅平衡色调
6	～～～	修正轮廓边缘	表示修正轮廓模糊或边缘不齐之处
7	⊕	套准	表示纠正图像套色规矩不准
8	⌒⊙⊙―	局部删除	表示删除局部图像（包括脏痕、斑点、规矩线等）
9	→	局部移动	表示图像移至指定的位置
10	↻↺	局部旋转	表示图像位置旋转
11	K	翻转	表示正向转反向或反向转正向
12	///	铺底色	表示加铺实地或铺网目底色
13	～～～	局部虚化、渐变	表示图像虚化或渐变
14	←→	改变尺寸	表示将改变后的尺寸以 mm 为单位标明在箭头之间
15	∑	总体说明	表示对图像整体修改的要求
16	○⌒○	图像换位	表示两个图像调换位置
17	○∴	局部减浅	表示图像某一局部减浅
18	○＋	局部加深	表示图像某一局部减浅
19	↕	上、下换位	表示图像上、下调换位置
20	↔	左、右换位	表示图像左、右调换位置

续表

编号	符号	作用	说明
21	↑	正图	符号横线表示水平位置,竖线表示垂直位置,箭头表示上方
22	△	保留	表示图像、文字等需要保留
23	|	黄版	在分色底片上画一条竖线表示黄版
24	||	品红版	在分色底片上画两条竖线表示品红版
25	|||	青版	在分色底片上画三条竖线表示青版
26	||||	黑版	在分色底片上画四条竖线表示黑版

附录 I
(资料性附录)
装备构造(原理)与维修教材结构示例

表 I-1 为《某型火箭炮构造与维修》教材结构示例,该类教材应由装备的构造与原理、操作使用、维护保养、技术检查(检测)与调试、修理(故障排除)及战场抢救抢修等主要内容构成。根据装备的复杂程度和训练的需要可有所取舍。

表 I-1 《某型火箭炮构造与维修》教材结构示例

第一篇　火箭炮的构造与原理	第三节　回转盘和座圈
第一章　火箭炮概述	第四节　底架和车体改装
第一节　火箭炮发展简史	思考题和习题
第二节　火箭炮武器系统的战术技术要求	第三章　固定器和气动系统
	第一节　行军固定器
第三节　火箭炮武器系统的主要性能特点及发展前景	第二节　板簧固定器
	第三节　气动系统
第四节　火箭炮的分类、组成与主要诸元	思考题和习题
	第四章　机械传动装置
思考题和习题	第一节　手摇传动装置
第二章　定向器和炮架	第二节　高低传动装置
第一节　定向器	第三节　方向传动装置
第二节　摇架和平衡机	思考题和习题

续表

第五章　电传动装置	第二篇　火箭炮的使用与维修
第一节　供电设备	第八章　使用与处理
第二节　控制板	第一节　火箭炮战斗与行军状态转换
第三节　手动电阻控制器	第二节　瞄准、标定、装填与发射
第四节　电机	第三节　行军前、中、后的检查与处理
第五节　小型密封开关	第四节　射击前、中、后的检查与处理
第六节　角限位器	思考题和习题
第七节　配电箱及其电器元件	第九章　射击和行军前的准备
第八节　电传动装置的布线电缆	第一节　主要备附件工具
第九节　电传动装置的工作原理	第二节　火箭炮的一般检查
第十节　电传装置的使用要领和注意事项	第三节　电传动装置的检查
思考题和习题	第四节　瞄准装置的检查
第六章　发火系统	第五节　发火系统的检查
第一节　电源	思考题和习题
第二节　发火机	第十章　保管与保养
第三节　脉冲信号发生器	第一节　保管
第四节　车外发射器	第二节　保养
第五节　发火系统的布线电缆	思考题和习题
第六节　发火系统的电路	第十一章　火箭炮的分解与组装
第七节　发火系统的工作原理	第一节　大部分解与组装
第八节　发火系统的使用要领	第二节　机械部分的分解与组装
思考题和习题	第三节　发电装置的分解与组装
第七章　瞄准装置	第四节　发火系统的分解与组装
第一节　瞄准具装置	第十二章　火箭炮完整状态技术检查
第二节　瞄准具支臂	第一节　技术检查的目的、时机与准备
思考题和习题	第二节　完整状态的技术要求与检查方法
	第三节　气动系统和固定器
	第四节　电传动装置

续表

第五节　发火系统 思考题和习题 第十三章　火箭炮故障分析与修理 第一节　火箭炮故障规律、一般排除方法及其预防 第二节　定向器故障分析与修理 第三节　机械传动机构故障分析与修理 第四节　气动系统和固定器故障分析与修理 第五节　电传动装置故障分析与修理 第六节　发火系统故障分析与修理 第十四章　火箭炮的战场抢修 第一节　战场抢修概述 第二节　定向器的战场抢修方法 第三节　机械传动机构的战场抢修方法	第四节　气动系统和固定器的战场抢修方法 第五节　电传动装置的战场抢修方法 第六节　发火系统的战场抢修方法 第三篇　火箭弹 第十五章　火箭弹的一般构造 第一节　引信 第二节　战斗部 第三节　发动机 第四节　稳定装置 思考题和习题 第十六章　火箭弹的阵地勤务 第一节　火箭弹的战前准备 第二节　火箭弹的保管与处理 思考题和习题 附录 参考文献